新农人

XINNONGREN
LISHUISHI

NONGCUN
GONGZUO ZHIDAOYUAN
FENGCAILU

丽水市农村工作指导员风采录

陈春英 马加瑞 吴玉平 廖小丽 主编

中国农业科学技术出版社

图书在版编目（CIP）数据

新农人：丽水市农村工作指导员风采录 / 陈春英等主编 . -- 北京：中国农业科学技术出版社，2023.12
ISBN 978-7-5116-6660-4

Ⅰ. ①新… Ⅱ. ①陈… Ⅲ. ①农村工作—概况—丽水 Ⅳ. ①F327.553

中国国家版本馆 CIP 数据核字（2023）第 242839 号

责任编辑 崔改泵
责任校对 李向荣
责任印制 姜义伟　王思文

出 版 者 中国农业科学技术出版社
北京市中关村南大街 12 号　　邮编：100081
电　　话（010）82109194（出版中心）（010）82109702（发行部）
（010）82109709（读者服务部）
网　　址 https://castp.caas.cn
经 销 者 各地新华书店
印 刷 者 北京建宏印刷有限公司
开　　本 185 mm × 260 mm　1/16
印　　张 16
字　　数 258 千字
版　　次 2023 年 12 月第 1 版　2023 年 12 月第 1 次印刷
定　　价 150.00 元

《新农人——丽水市农村工作指导员风采录》编委会

目录

莲都篇

龙泉篇

青田篇

云和篇

庆元篇

缙云篇

遂昌篇

松阳篇

景宁篇

莲都篇

奔跑冲刺在基层　乡村振兴谋未来

——丽水市商务局派驻岩泉街道余岭村农指员　应晓丽

2022年1月，应晓丽受丽水市农指办指派，从丽水市商务局下派到莲都区岩泉街道余岭村任农村工作指导员（村第一书记），兼任岩泉街道党工委副书记，同时担任莲都组组长。两年来她“迈开步子”“沉下身子”“撸起袖子”，奔跑在基层一线，真正把余岭村当成了自己的家。在她的带领下，余岭村欣欣向荣，村里的产业发展有了新方向，振兴的希望在乡村尽情绽放。

迈开步子　脚踏实地访民情

担任农村指导员之后，应晓丽做的第一件事，就是去买了几双运动鞋。穿着运动鞋，应晓丽在村里“奔跑”了起来。丽水人都觉得余岭村是城郊村，距离城里很近。其实，真正来了才知道，余岭行政村有7个自然村，村里403户共900多人，居住分散，最远的陈寮村在白云山海拔最高处，从市区开车都要1个小时才能到达。应晓丽花了1个月，跑遍了所有自然村，走访了村里的家家户户，着手摸清村情村貌，这正是她迈开步子的第一步，她在心底发誓，要在基层这块“磨刀石”上，不断淬炼自己，为群众办实事、办好事。

沉下身子　用心用情办实事

同样隶属于余岭行政村，黄寮坑和陈寮村两地短短几千米的路程，却没有通路，陈寮村的村民要去余岭村办点事、走亲访友甚至要绕丽水市区走，单程开车就要一个半小时，出行不便成为当地群众的“痛点”。走访

走访农家乐经营户

了解到相关情况后，这也成了应晓丽的“心头事”。

“一定要把这条路打通！”应晓丽下定决心，多方联络，很快，村内黄寮坑至陈寮村（后耕田段）道路建设工程完成审批，项目里程 5 千米，宽度 4.5 米，造价约 50 万元。2022 年 12 月，这条陈寮村老百姓心心念念的“惠民路”终于开工建设。应晓丽像个“包工头”，全程参与方案讨论、地质勘探、设计规划、项目立项等环节，并一遍遍地提醒村班子成员，一定要合法合规安全地建设工程。

“出行是‘头等’大事，算是可以给老乡一个交代了。”前不久，应晓丽又来到施工现场，看到眼前的山路即将成形，她欣慰地笑了。

不仅如此，应晓丽来到余岭村后，还十分重视帮助村内困难群众，每次走访，总是自费给困难群众带去食物和日常生活用品。为了帮助更多困难群众，还联系莲都区慈善总会、丽水市慈善总会，全覆盖慰问了村里残疾人、低保户、低边户和 60 岁以上老人，发放慰问资金近 9 万元。

撸起袖子　因地制宜兴产业

“在村里走访的时候，应晓丽就发现山上有大片大片的野生茶树，这种撂荒多年且无人管理的荒野茶区别于人工栽培的茶树，是非常好的资源，不能浪费。”应晓丽说干就干。通过岩泉街道强村公司注册了岩泉云隐商标，以隐在云间的“括苍野茶”产品为卖点，2022 年包装制作了 400 余份精品荒野茶出售，一经推出，很快一售而空，销售收入 20 万元。

如何将这百亩荒野茶树打造成为百姓致富的“黄金叶”？尝到甜头的应晓丽再接再厉，谋划起更美好的“共富”图景。2023 年初，谋划开发“二三亩・岩泉云隐”系列荒野茶，为荒野茶开发利用、强村公司增收、村集体经济消薄巩固和农民增收注入新的活力。联系组织开展“共富云联党建联建”，推动与省级共富工坊山播“吾饭”团队达成合作，打开销售市场，2023 年茶叶销售额达到 80 万元以上，实现茶叶生态价值向经济价值转化。

为了村集体增收，应晓丽还千方百计谋划了陈寮自然村的光伏项目。“陈寮自然村海拔高、光照时间长、土地平整，十分适合发展光伏产业。”应晓丽和岩泉街道班子探讨，和村“两委”班子研究，统一思想后牵头召开党员和村民代表大会，大家一起出主意，引项目，找投资。最终，在上级部门和街道的共同努力下，余岭村与丽水元旭新能源有限公司莲都分公司签订了意向协议，开发光伏发电项目，该项目总投资 1.6 亿元，根据前期测算可建光伏发电的山地面积达 1 200 亩左右，以土地租金每年 500 元 / 亩计，预期可为村集体和村民带来 60 万元年收益。

“2022 年余岭村集体总收入 980 568.25 元，较 2021 年的 267 834.16 元增长了 266.11%；2022 年余岭村集体经营性收入为 171 244.81 元，较 2021 年的 69 702.8 元增长了 145.68%。”这组亮眼的数据，正是应晓丽在乡村振兴一线交出的高分答卷。

聚焦“为民”职责　聚力乡村振兴

——丽水市民政局派驻黄村乡黄泥墩村农指员　程以宽

2022年，程以宽成为市派第十二批农村工作指导员，驻莲都区黄村乡黄泥墩村。上任后，他虚心向村干部和群众学习，自觉地和乡镇党委政府、村“两委”成员保持一致，融入了当地村“两委”班子。牢记民政“以民为本、为民解困、为民服务”的工作宗旨，恪尽职守，做好各项工作。

一枝一叶总关情

“虽然我们做的有限，但群众的眼睛是雪亮的，他们心里是会记住你的。只有我们多跑路，用脚步去丈量民情民意，才能更好地为群众服务。”到村后，程以宽走村入户，倾听民声，从疫情防控、基础设施、产业建设、民生难题等方面走访调研，快速进入角色，收集群众诉求，聚焦涉及村民切身利益的小事，力所能及地解决群众生产生活中的实际困难，挨家挨户走访低保户，了解致贫原因，送上慰问品和慰问金，让困难群众感受到党和政府的温暖，成为村民的贴心人。他在积极参与乡、村、组召开相关会议或研究问题、决定重大事项时，摆正位置，做到指导而不包办，到位而不越位，积极主动地提出自己的意见和建议。

踔厉奋发谋新局

程以宽自觉将工作的做法和体会与村“两委”班子共同探讨学习。与村民沟通思想、交流感情，了解村民思想动态，对乡、村建设的好想法、好建议。并同乡、村干部一道找解决难点疑点问题的答案。协助完成黄村

三级公路政策处理，土地使用纠纷，目前该公路沥青路面铺设基本完成。针对所驻村在发展中的优势和困难，仔细分析，认真思考，科学决策，协助村“两委”厘清思路，指导村干部制定出切合所驻村实际的产业发展规划、社会事业发展规划等，竭尽全力为发展村级经济出谋划策。经过努力，“梦里水乡·欢乐谷”旅游综合体项目得以顺利开展，流转土地得到充分利用，带动了相关功能、产业开发。

阳光议事促振兴

2022 年，黄泥墩村列入全国村级议事协商创新试验点，作为民政局派驻的农村工作指导员，程以宽发挥民政部门在关注民生、基层治理、兜底保障等方面的业务优势，协助做好创新试验点，争取民政局建设补助资金 30 万元，协调设立了阳光议事亭，在这里不仅可以向村民传达党和政府的方针政策，还可以让村民们围坐在一起商量村里大小事务。不仅让村民“投票”，也为“协商于民”“协商为民”找到了一个有效载体，让基层民主看得见、摸得着，充分发挥“村级事务阳光票决制”在党组织领导下村民自治机制的重要作用，推动着黄泥墩村在干群密切交流中稳步发展。

民之所忧，我之所思，民之所想，我之所行。程以宽用实际行动践行驻村指导员的使命与担当，用热情与坚守为黄泥墩村在基础设施建设、民生工程落实、村民共同富裕、集体经济增收等方面做出了贡献。

走好乡村振兴“赶考”路　谱写坑口村共富“答卷”

——丽水海关派驻联城街道坑口村农指员　周洵

周洵是丽水海关的一名年轻干部。2022 年 1 月，根据组织安排，被选派到联城街道坑口村担任农村工作指导员（村第一书记）。

强化党建引领，带动共同富裕

如何握稳“接力棒”，推动农民增收致富和壮大村集体经济，实现巩固脱贫攻坚成果同乡村振兴的有效衔接是摆在周洵面前的第一道“考题”。他深知乡村要发展，关键在人、关键在组织、关键在党员。到村以后，周洵坚持以党建为引领，狠抓支部建设，完善支部各项管理制度、会议制度、学习制度，严格落实“三会一课”和主题党日活动制度，通过上党课、重温入党誓词、齐唱国歌、组织党员外出学习考察等形式，加强村基层党组织建设，激发内生动力，进一步提升党组织战斗力、凝聚力和引领力；加强支部班子建设，坚持“第一议题”制度，定期组织村“两委”干部开展政治理论学习，提升政治理论素养，提升谋事办事能力；发挥支部阵地作用，加强党员教育管理，每半年对党员进行一次民主评议和谈心谈话，实行党员“红心积分”制度，调动起党员学习和服务群众的积极性，“三会一课”参会率达到 90% 以上。

深入调查研究，摸清底数实情

用脚步丈量民情。到村任职以后，为全面准确掌握村情民意，周洵第一时间开展调研工作，熟人头、察地情、摸底数，走遍村庄的每一个角落，深入田间地头实地了解农业发展状况；结合“三级干部大走访”活动，对村里的老党员、老干部、村民代表、孤寡老人以及低收入农户、残疾人等弱势群体和困难群众开展入户走访，了解他们的生活情况，听取意见建议，逐步拉进与群众的关系；及时梳理收集的问题，加强与村“两委”干部沟通，形成村里的整体发展思路。

紧盯民生项目，解民忧办实事

驻村以来，周洵积极筹划落实多个为民办实事项目。坑口村虽然是新建村，但是配套的基础设施还没有完全跟上。在走访中了解到，搬迁到新村后，由于种种原因村集体健身活动室一直没有建起来，村民对此意见较大，为此周洵积极向上级部门争取资金 10 万元，加快了村集体健身活动室建设。同时，在村健身广场新增健身器材 10 余个，进一步丰富了群众的业余生活。启动天然气安装工程和房屋外立面提升改造工程。在全村 22 个点位安装了灭蚊设备，成功创建“无蚊村”。

周洵还通过街道积极向上级部门争取资金 20 万元，完成河道护岸修复工程。他积极对接区移民部门争取资金 25 万元，对坑口村四房头至黄泥岗段道路进行改造提升。

周洵关心关爱弱势群体。为低收入农户建档立卡，制订“一户一册”帮扶方案，累计为困难户争取各类生活补助 7 000 余元。周洵得知，村民雷根红患有红斑狼疮，且体弱多病，需常年吃药，他积极对接相关部门为她免费安排健康体检，进一步减轻她的经济负担。同时，在走访群众过程中，周洵还积极宣传疫情防控、大搬快聚等政策，经常与贫困户交心谈心，做他们的知心人，力所能及地帮助他们解决实际困难。

狠抓产业发展，推动富民增收

“乡村要振兴，产业要先行。”周洵积极借助地方政府部门、派出单位

慰问困难群众

和社会等多方力量共同推动村庄发展。

近年来，由于村里大多数年轻人都选择外出经商创业，脱离了农耕生活，加上变电站项目的建设，把原有的耕地分成了块状，传统种植产业受到了较大影响。目前，村里只有少数几户在种植桃子、枇杷、李子等特色水果。在得知这一情况后，他积极想法子、找门路，与村"两委"商议采取"支部＋合作社＋农户"的发展模式，通过加大土地流转，积极吸收农户共同参与、党员结对帮扶指导的方式，共同推动特色水果产业发展壮大。

周洵早已将自己融入坑口村这个大家庭中，立足基层，扎根基层，帮助所驻村壮大集体经济，优化乡村治理，倾情服务群众，努力干好一桩桩实事，以实干的作风，走进村民的生活，温暖村民的心，得到村民的认可和称赞。

吃透村情把好脉　摸清民意谋发展

——丽水市数字经济发展有限公司派驻老竹畲族镇沙溪村农指员　吴银海

2022 年 1 月，来自丽水市数字经济发展有限公司的吴银海，作为市派第十二批农村工作指导员来到莲都区老竹畲族镇沙溪村担任第一书记，他以一颗炽热之心，尽心尽力履行好职责，推动了沙溪村各项事业发展。

走村入户，用脚步丈量村情

2022 年 1 月 14 日，进村第一天，急性子的吴银海就与沙溪村村支书蓝红星唠起了家常：“蓝书记，您快跟我说说村里的情况，我好尽快开展工作！”。蓝红星介绍，沙溪村是个典型的畲族小山村，总人口 676 人，其中畲族村民占 80% 以上，党员 34 人。沙溪村先后获得“第二批中国少数民族特色村寨”“全国文明村”“全国乡村治理示范村”等诸多荣誉。

从到沙溪村第一天起，吴银海就把急性子的风格延续到了驻村的 300 多个日日夜夜，足迹踏遍了沙溪村的山山水水。白天，他深入田间地头了解村形地貌和生产情况，实地查看非粮化整治情况；夜晚，待村民劳作回家后，他在灶台前与村民聊家常，耐心讲解“一户一宅”政策。每到一户，他都将村民的家庭情况、具体困难诉求等详细记录下来，并据此制定了改善民生和发展村集体经济的工作思路。

村委会议室的桌椅已破旧不堪，临近报废。经吴银海对接，丽水市数字经济发展有限公司捐赠给村里一批会议桌椅和投影仪等设备。来参加会议的党员和村民坐着舒适的会议椅，摸着洁净的会议桌，对吴银海发自肺腑地说道：“感谢吴书记，让我们也用上了和城里一样的桌椅，坐着开会也高兴了很多。”

巧做“媒婆”，用行动推介沙溪

作为少数民族村，沙溪拥有千年的畲族底蕴，并根据畲族的传统习俗和特色，独创了华东地区最具畲族风情的畲家美食文化品牌“山哈大席”。“真是想不通，沙溪村这么好的资源条件，村集体经济的消薄任务还是很重。”村“两委”干部无奈地说道。为此，吴银海多方对接资源，争取到了工作单位市数发公司党委的支持，办起了以推广沙溪村民宿为主题，体验畲族文化和游览东西岩景区的“丽水数发杯”短视频大赛。短视频大赛的成功举办，极大地提高了沙溪村的知名度，部分民宿生意明显好转。

与此同时，吴银海积极牵线搭桥，2022 年 10 月组织举办沙溪畲族文旅体验活动，谱写村庄旅游发展新篇章；2022 年 11 月代表沙溪村参加在景宁县举办的浙江省首届返乡入乡合作创业大赛，充分利用这一平台宣传展示了沙溪村风彩。

沙溪村与丽水市新联会会员单位签订合作协议

群策群力，强党建推动共富

“吴书记，老竹镇的党建活动比较单一，你能不能想想办法，帮助提升基层党组织活动的创新性？”老竹镇党委组织委员包慧求助道。说办就办，吴银海与“娘家”市数发公司党委对接，推动党建联盟互助共建，2022年4月，丽水市数发公司党委和老竹镇党委联姻的“数智助农”党建联建体成立。在党建联合体背书下，省党代会解读、市区两会精神宣讲、“微心愿”活动、慰问困难党员、沙溪村党支部主题党日活动走进“丽水市人才创新创业服务综合体”等形式多样的党建交流活动开展得有声有色。大家频频表达了对吴银海的认可：“年轻人有想法、有干劲，乡村正需要这样的好干部！”

和衷共济，办老竹民生实事

吴银海利用园区数字经济平台和资源，帮助沙溪村成功列入浙江省第三批未来乡村创建村名单，促成园区企业润生苔藓公司在老竹镇的苔藓小镇项目，对接园区企业点创科技公司参与松材线虫病防控工作。同时，吴银海以沙溪村名义多次无偿献血，荣获全国无偿献血奉献奖铜奖。

驻村近两年来，吴银海充分发挥自身优势，为沙溪村找准致富办法，蹚出发展路子，推动了沙溪村各项事业发展。面对沙溪村未来的发展，吴银海将继续强化党建引领，带领沙溪村在建强村党组织、推进强村富民、为民办事服务等方面谋深谋实，帮助农民致富、促进集体增收，早日将沙溪村建设成具有畲族风情、集观光娱乐体验于一体的农文旅休闲特色村。

莲都篇

水岭根村共同富裕之路

——丽水市医保局派驻紫金街道水岭根村农指员　董威武

2022年，董威武作为丽水市医保局驻村的农村工作指导员来到莲都区紫金街道水岭根村。该村地处莲都区城郊，火车站以北，距市区5千米，全村由13个自然村组成，错落有致的村庄散布在海拔100多米到近800米山坳之中，全村拥有土地12 870亩，有465户共12 04人。各自然村根据海拔差异，发展杨梅、枇杷、李子、橘子等水果以及毛竹、高山有机茶园等特色产业。

盯光伏，快速消除经济薄弱村

消除经济薄弱村是他此行的首要任务。水岭根村是莲都区多年的经济薄弱村之一，为了消除经济薄弱村，历届村“两委”以及驻村指导员都付出了艰辛的努力。董威武曾经在莲都区从事过三十年乡镇国土工作，深知在这片土地上要演绎出富民产业来真不是一件容易的事。为之他多方请教，思考至深，直至几度失眠。一个偶然的机会，看到中央电视台播放光伏致富的经验，他专门跑到衢州江山学习，结合水岭根村实际情况，借鉴其他村的失败与成功经验，提出把光伏作为消除水岭根村经济薄弱村的唯一主攻方向，并及时向莲都区农业农村局和丽水市医保局汇报，得到了上级高度肯定和重视。

他与村“两委”一起努力，心往一处想，劲往一处使，反复研究提出：2022年计划发展地面光伏，投资500多万元，建设1.5兆瓦光伏项目。目前，该项目正紧锣密鼓的在农业农村、发改、国土、电力、火车站新城、街道办事处、相关银行等部门单位全力帮助下申请电力接入，有望在2023年10月开工建设。预计年发电量160多万千瓦时，收入60多万元，建成后可大步跨过村集体收入薄弱村年20万元的门槛。

水岭根村光伏发电站

扬优势，狠抓茶特色产业

深山之中的水岭根村，海拔落差大，自然空气好，山坡低缓土质肥沃，发展茶产业地理环境优越。董威武根据水岭根村的这些优势展开指导工作，紧紧围绕莲都区委、区政府农业农村“3+2+1”产业发展重点，结合“莲城雾峰”区域品牌，大力实施标准化、规模化、产业化的“三化”标准，努力推动茶产业提质扩面。目前该村优质高山茶园已发展到400多亩，根据高山茶叶品质，开发出白、绿、红茶等优质品种。

善结合，走共同富裕之路

有调查才有发言权。在驻村工作中，他发现该村所属最高峰——处士峰，海拔高、景色美，可俯瞰整个丽水城区，这是个可以利用的好资源，可以与上级的共富任务相结合。他深知集团化发展的优势，并与村“两委”一起，整合丽水市处士峰旅游开发有限公司、丽水市处士农业科技开发有限公司、丽水市东山家庭农场等企业，以及村民参与组建了处士峰农旅产业发展联合体。主要从事中药材种源调查、种苗培育和药理作用分析等研究；高山有机茶、灵芝珍稀药用真菌、生态黄精中药材等种植、加工、销售，以及以红十三军浙西南革命史为主要内容的党史研学、休闲露营、中医养生等业务，以共建、共治、共享为经营理念，努力使水岭根村实现共同富裕。可喜的是，该综合体已经在处士峰建成占地 1 000 多平方米的高山露营基地，仅 2023 年五一期间每天就有 200 多人来基地烧烤游玩露营，收入达到 6 万多元。

水岭根露营旅游基地

在莲都区农业农村局、丽水市医药局的共同领导下，董威武将和水岭根村“两委”一起，努力完善家庭农场基础设施，以茶为媒，以观景为平台，整合观光旅游、生态休闲、茶园文化、摄影文化、农业技能等各种资源为一体，把全村最高峰——处士峰，打造成为“冬踏雪夏避暑、四季游览城区、天天可以露营”的康养旅游地。不断探索，走出一条乡村农旅有效结合的路子，有效增加村集体和村民收入，让身边的美丽风景变成可爱的“钱景”，让水岭根村的共富之花开得更加绚丽。

回得去的故乡　看得见的未来

——丽水市城投公司派驻碧湖镇红圩村农指员　陈玺

2022 年 1 月，陈玺受组织委派到碧湖镇任镇党委副书记、红圩村第一书记，任职以来始终牢记“建强村党组织、推进强村富民、提升治理水平、为民办事服务”的责任和使命，做好角色转变，从“态度、思路、格局、细节”四个方面着手，积极投身乡村振兴工作中，推动村庄各项工作全面发展。

态度：建强村党组织

农村基层党组织是贯彻落实乡村振兴的战斗堡垒，用三种态度建强村党组织。一是用“严以律己”的态度来强核心。坚持民主决策，执行“四议两公开”程序，不搞“一言堂”，对“一肩挑”书记的监督方式和制度进行探索和完善，做到“律己、公正、守信”。二是用“勤学善思”的态度抓方向。带领党组织不断学习党的方针政策，学习先进科学文化知识，将上级精神与本地实际相结合，探寻出适合村庄的发展路径，做到“善学、善思、善为”。三是用“真情实意”的态度聚民心。建立和完善党员走访制度，落实网格管理，做到“交友、服务、帮困”。

思路：推进强村富民

推进农民共同富裕，强村富民是关键，用三种思路让村民共享发展红利。一是以壮大村集体经济为核心。探索“一村一品”，红圩村作为九龙湿地公园的核心村，可立足九龙湿地国家公园、九龙廊桥、碧湖花海做好运营，形成三星拱月之势，做大吃、住、玩为一体的旅游业和研学教育业，现正积极争取建成习近平新时代思想教育实践基地，丽水干部职工健康休养基地，绘画写生基地。二是探索联村合作新路子。探索强村牵头、抱团取暖，通过以强带弱，盘活多村集体资产资源要素，联合实现共富。现正积极对接郎奇、堰头等周边村庄，探索适合红圩发展的联建共富模式。三是深化“村企合作”结对。在“村企合作”结对帮扶的思路下，动员城投公司下属公司市规划设计院参与村庄发展规划概念设计，谋划建成在丽水地区极具知名度的特色美丽数智村庄（萤火星海·灵境红圩），同时与华睿公司联合共建红色智慧党建馆、与文旅公司谋划共建廊桥共富夜市。

乡村规划调研

格局：提升治理水平

治国安邦重在基层，社会治理，核心在人，用三种格局提升治理水平。一是尊重村民发展需要。通过走群众路线，成为村民的“知心人”，善于预防和化解村内矛盾，着力解决群众反映强烈的社保、养老、环境整治、建房等难题，从源头上遏制矛盾产生。二是尊重村民创新精神。推动村民参与村庄发展议事，探索新制度、新机制，建立红圩村积分管理制度，做到“从群众中来、到群众中去”，让村民从一个旁观者向主动参与者转变。三是深化村民法治意识。开展农村法治建设活动，做好法治宣传，营造更好的遵法学法守法用法的法治氛围，弘扬法治精神，坚决实现公平正义。

细节：为民办事服务

始终坚持把为民办实事当作己任，用三个细节做好为民服务。一是做好“一对一”精细服务。开通 24 小时服务热线，实行“村民上报—村委部署—专人解题”的“一对一”服务模式，切实打通服务群众最后端口。二是开通“五分钟”便捷服务。延伸服务触角，由村委会提供理发、跑腿、社保办理、医疗救助等便民服务，村民足不出户便能享受到基本的社会服务。三是提供“爱老育苗”服务。村委会安排网格员为老年群体提供“老人专线”，让老人与远在他乡的子女进行视频通话，排遣孤寂；设立留守儿童服务点，通过村内自助、村民互助、外教支助三者结合的方式，协助培养留守儿童的习惯和品行。

乡村振兴是时代的呼唤，也是人民的期盼，更是我们第一书记的职责所在。当前丽水市莲都区大力推进碧湖新城建设，城乡融合发展使得资金、土地、人才等生产要素逐步实现双向流动，这也为红圩村的发展带来了新的契机。我坚信未来的红圩村定是乡愁可寄、振兴可期，既是回得去的故乡，也有看得见的未来。

莲都篇

谋划乡村振兴新景

——丽水市农投公司派驻雅溪镇潘百村农指员　吴奔

吴奔是丽水市农投公司处州林业珍贵种苗有限公司执行董事、总经理，同时也是市派第十二批农村工作指导员。自2022年1月到丽水市莲都区雅溪镇潘百村驻村以来，他积极为村里谋划产业，向上争取项目资金，解决群众切身困难，积极参与农村环境整治、一户多宅和疫苗接种等工作，对村里的情况更是“了如指掌”。

招商引资，带动村民致富

借助雅溪镇潘百村山地区块的开发优势，让村里闲置荒地实现价值最大化，吴奔多次联系各政府单位，对接市自然资源和规划局、市林业局等

组织相关单位进行深入调研

相关部门。2022 年吴奔带领组织相关单位进行深入调研，确定在雅溪镇潘百村建设种子种苗培育示范平台项目，该项目由丽水市处州林业珍贵种苗公司投资建设。项目总投资约为 3 046 万元，其中一期投资约 1 470 万元，可为村集体带来约 60 万元以上的经济收入。2022 年 11 月 1 日项目开工建设。

走村入户，切实了解民情民意

吴奔在任期间，十分珍惜担任农村工作指导员的机会，他紧密围绕强村党组织、推进强村富民为民办事服务。积极参加村“两委”班子工作推进会，详细听取党员干部群众对当前重点工作的意见和建议，协助村里解决急需难办事务，并与村“两委”一同走村入户，详细了解贫困户具体信息，根据贫困户的致贫原因制定切实有效的帮扶手段，及时补齐短板。同时做好全村劳动力就业服务跟踪工作，向有就业务工意向人员推荐合适岗位，组织劳务输出。深入走访调查，用通俗易懂的宣传方式普及国家政策、法律法规，解决群众切身困难，广泛听取群众建议，化解群众矛盾。积极参与农村环境整治、一户多宅和幼儿及老年人疫苗接种等工作。

身先士卒，抓防疫保平安

面对突如其来的新冠肺炎疫情，吴奔作为驻村农指员，提前返岗，主动担当，坚持人民至上，积极发挥基层党组织的政治优势、组织优势和群众工作优势，投身于疫情防控阻击战，带头在先，冲锋在前。坚持“网格连心、组团服务”工作机制，与村干部一起张贴标语、下发传单，无论是卡点执勤检查，还是上门摸排测温，哪里缺人手就哪里顶上，披星戴月、走村串户，始终战斗在抗疫最前线，与村干部和村民共同筑起防疫的钢铁防线。

投身于疫情防控阻击战

凝聚力量，建设美丽乡村

为了改善乡村环境，吴奔和村委一起组织开展村容村貌环境提升整治，助推美丽乡村创建，基于扎实有效的工作，按照浙江省A级旅游村、浙江省美丽宜居示范村、浙江省法治村建设要求，计划将潘百村发展成“产业兴旺、生态宜居、乡风文明、治理有效、生活富裕”的美丽乡村。潘百村已被纳入2023年度省级美丽宜居示范村创建名单。同时吴奔为了能尽快实现从国企单位到乡镇、农村工作的角色转换，挤出时间加快熟悉工作环境，走村入户，走遍潘百村的角角落落，利用空余时间与村干部促膝长谈，详细了解村里各方面情况，摸清底数，探讨研究村里发展思路。自从吴奔驻守雅溪镇潘百村后，2022年潘百村经营性收入超任务完成率146%，努力走出一条“富民强村，景美人和”的乡村振兴路子。

“在接下来的日子里，我将铆足干劲，继续当好农村工作指导员，做村民的‘贴心人’，做乡村振兴的‘建设者’，做攻坚克难的‘排头兵’，为潘百村加快实现跨越式高质量发展，绿水青山和共同富裕相得益彰贡献农村工作指导员的力量。”吴奔说。

“身入”基层 “心到”基层 用心用情驻村兴农

——丽水市交投公司派驻紫金街道湾岙村农指员 项筱婷

自2022年1月被选派到紫金街道湾岙村担任农村工作指导员、第一书记以来，项筱婷以党建为引领，以群众所需、所盼为驻村工作出发点和落脚点，与湾岙村“两委”干部一同推进乡村建设，切实为乡村振兴贡献力量。

与村干部交流探讨集体经济发展规划

加强基层党建，持续强化党员队伍建设

担任第一书记以来，项筱婷立足于湾岙村党支部全体党员的实际情况，创新主题党日活动形式，严格落实“三会一课”制度，不断提升党建

工作质效，扎实推进基层党组织建设。紧紧跟随社会热点，深入传达学习党中央、省市区委有关文件及重要会议精神，进一步坚定党员理想信念，增强党性修养。结合村民的群体特点与生活习惯，组织集中观看防汛防洪防灾等主题教育片，开展疫情防控、反诈骗等方面宣传，提高村民对相关政策以及法律法规的知晓率。强化帮扶措施，关心关爱病重老党员、困难党员，组织村党支部党员定期走访慰问村里的低保户和贫困边缘户，实行党员一对一帮扶，切实解决村民生活困难等问题。

推进民生实事，扎实做好乡村治理工作

当前形势下，接种新冠疫苗是预防新冠肺炎最经济最有效的措施。“老年人还需要打疫苗吗？我们去哪儿打疫苗？怎么去？”村里的老年人们由于抵抗力较弱，出行不便、信息滞后，对接种疫苗有所顾虑，接种意愿不强、接种率不高。为协助和鼓励老年人接种疫苗，项筱婷组织村“两委”干部通过电话沟通、上门走访等多种方式进行动员，安排专车接送、专人引导，提前完成60周岁以上老年人新冠疫苗接种工作，打通疫苗接种的“最后一公里”，她的工作得到村民的充分认可。此外，湾岙村构筑分级网格化的疫情防控网络，网络细分到户、到人，配备必要防疫物资，组织开展模拟演练，进一步筑牢了疫情防控防线。

“下班回来找不到车位，常常为临时停车发愁。”受地理位置影响，加之房屋分布及道路铺设等实际情况限制，村里停车难问题日渐凸显。为进一步完善村庄建设，项筱婷通过召开村民代表座谈会，充分调查研究，与村“两委”干部一同积极探索推进停车场建设，将“我为群众办实事”实践活动转化为工作实效，把“全心全意为人民服务”真正落实到工作当中。

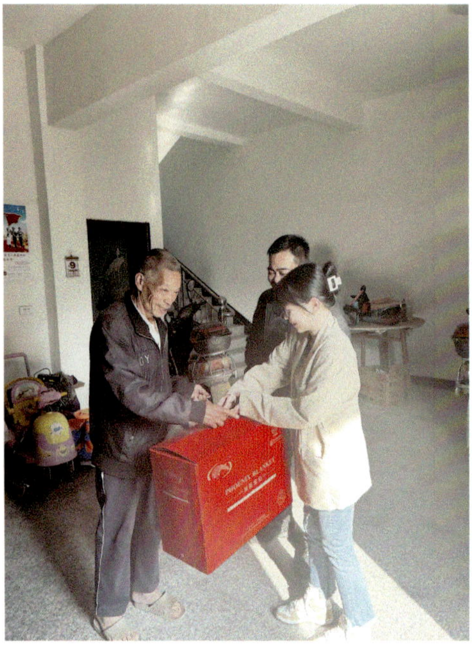

走访慰问困难群众

加快产业发展，为村集体经济发展出谋划策

“只有湾岙村的产业发展好了，才能持续增强村集体经济‘造血’功能，助推乡村振兴。”来到湾岙村后，项筱婷深入调研村集体经济发展情况，对接村投资顾问了解项目投资进展，与村“两委”干部研究发展思路、探讨产业发展规划，制订湾岙村年度发展计划。村集体经济收入实现翻番。推进光伏产业发展是践行生态文明建设和绿色发展理念的重要举措，项筱婷以企业厂房建筑布置“光伏屋顶”为契机，积极争取资金支持，协调落实分布式光伏发电联建项目。该项目已于2022年3月完成建设，作为湾岙村首个光伏项目，对壮大村集体经济、助力绿色低碳发展、实现乡村振兴意义重大、影响深远。

践行初心使命，项筱婷把“小我融入大我”，把身份转变成“自己人”，实打实为民办实事，用自身实际行动践行着“第一书记”的职责。

莲都篇

用心驻村为群众办实事

——丽水市生态环境局派驻碧湖镇白桥村农指员　叶旭明

2022 年 1 月，丽水市生态环境局叶旭明同志到莲都区碧湖镇白桥村担任农村指导员。在白桥村“两委”的支持和配合下，叶旭明同志踏踏实实地履行农村指导员职责，顺利完成好各项工作。

“第一书记”的身份对叶旭明来说已不再陌生，有了上一轮在云和的驻村经历，让他对农村指导员工作产生了深厚的兴趣。于是，新一轮派驻刚启动，他主动提出继续留农村。2022 年 1 月，叶旭明从云和县岩下村“转战”到莲都区白桥村，开启了他的驻村“2.0”版。

先抓好村级党建工作

刚到白桥村，叶旭明就开始对接村干部，了解村级党务工作。白桥村共有 2 个党支部，党员 65 人。他认为，新形势下，村级基层党组织建设是一切党建工作的基础，党建工作开展得怎么样，直接影响党的凝聚力、影响力、战斗力的充分发挥。要充分发挥党员的先锋模范作用，带领 14 个村民小组 701 户 1 492 人共同推动经济发展。

为进一步指导村党组织规范开展主题党日等相关活动，推动党建工作有所突破，叶旭明结合党员走访、党支部会议等方式，在党员群众中开展学习教育，主要学习习近平总书记在不同场合的重要讲话精神，以及党中央关于农村政策的文件精神，近期还结合党的二十大精神、省市两级党代精神等开展宣教活动，开展重点解读。让党员和群众了解省市两级“过去五年，我们怎么看”“未来五年，我们怎么干”等，号召群众特别是党员干部要努力作为，积极奋进，发挥先锋模范作用。

与村“两委”干部交流村集体经济发展项目

助力经济，提升群众获得感

叶旭明表示，作为驻村指导员，就是要着眼民生，解难题办实事，把村集体经济搞上去，让村级经济强起来、广大村民的腰包鼓起来。

在走访中，叶旭明了解到白桥村村民主要以外出务工、经商和种植蔬菜为主要收入。2021 年村集体收入 60.5 万元，其中经营性收入 5.6 万元。

“白桥村是农业种植大村，但该村部分农田道路、排水沟渠、蓄水池塘等基础设施差，影响机械化、设施化操作和旱涝保收。”白桥村党支部书记兼村委会主任李旭飞表示。

根据白桥村的地理位置、自然环境和产业现状，结合村情，叶旭明与村“两委”制定了乡村振兴项目计划方案，千方百计推动村集体经济发展，带领村民致富。

2022年以来，叶旭明和村“两委”多次对接莲都区农业农村局，申请资金用于新建或修建提升农田道路、排水沟渠、蓄水池塘等基础设施，并争取到项目资金70万元。同时，对村闲置资产进行整合，对村内企业租赁合同进行修订完善，根据市场实际，提高了房租标准，租金总收入较上年增幅20%以上。2022年村集体经营性收入达15万元以上。

办实事服务基层也是我的义务

“我是土生土长的白桥人，来这里并不是体验生活的，而是给大家做点实实在在的事情的”。叶旭明这么说，也是这么做的。

大到征地拆迁和政策处理等，小到邻里纠纷，叶旭明全拿捏得准准的，并会同村“两委”公平、公正处理，这也让越来越多的群众信任他。

在配合职能部门开展限制渣土车偷倒建筑垃圾和工业垃圾等工作中，他都亲自参加调研和踩点，并提出合理化建议，在保护村民安全的同时，也避免出现因为乱倾倒建筑垃圾危害生态环境。

在面对村民们诸多民生实事方面的需求时，他更是急老百姓所急，全心全意、全力以赴地解民忧、谋民利。对困难群众，他都详细询问他们的生活情况与健康状况，了解生活中遇到的问题，并根据他们的需求力所能及地帮助解决实际困难。

目前，白桥村已完成郎桥山公墓路口建设限高杆，限制渣土车偷倒建筑垃圾和工业垃圾；完成了白桥村西面路口增加小型停车场面积约300平方米，方便村民停车；完成三角圩健身器材旁增设校车等候亭，方便学生上下学；卫生室建设装修后，已投入使用，方便了村民就诊。

民之所忧，我之所思，民之所想，我之所行。叶旭明用他的实际行动践行着驻村第一书记的使命与担当，用他的热情与坚守诠释着他对农村工作的情怀与执着。

内外同步发力　提升幸福指数

——丽水经济技术开发区派驻南明山街道七百秧村农指员　李镔

七百秧村是相对特殊的村，为加快丽水工业经济发展，配合丽水经开区东扩区块开发建设，响应党委政府的号召，实行了整村拆迁，村民分别被安置在秀山小区和杨梅山小区，既非传统农村，也非现代城市，属于典型的城中村。

经过实地调研，李镔走访了经开区相关部门、街道办事处和村民，七百秧村的主要问题是环境需要改善。规划设计不够周全、村民房前屋后利益影响大、流动人口多等多方因素影响，呈现一定的城中村通病，整体环境急需改善。

明确主要问题后，李镔开始对七百秧村的环境提升开展整体谋划，提出了“内部小改造，外部大提升”的思路。

由于内部空间有限，短期内大幅度提升的难度非常大，因此先行确定了两项小目标，一是道路改造，二是路灯安装。2022 年实施了秀山 1～3 区两侧环境提升工程，将原被侵占道路实施清表，新浇混凝土路面，安砌混凝土侧石，原有检查井改造等。受多方原因制约，一直未建设路灯，严重影响了群众夜间出行的方便和安全，是村民期盼已久的民生工程，李镔积极对接经开区发改、财政、征安、街道办事处等单位，将路灯亮化项目从原配套项目中分离，进行单独立项，并列入政府投资计划，加快做好项目前期工作，目前已开工建设。

在村庄内部各项条件制约明显的条件下，全力做好村庄外围环境提升和配套设施完善，同样确定了两项小目标，一是完成三公园建设，二是谋划东北侧的 G25 高速公路沿线景观配套项目。三是公园项目与七百秧村所在的秀山安置小区仅一路之隔，总用地面积约 31 000 平方米，项目总投资约 1.8 亿元，由于多种原因，项目建设一度滞缓，李镔积极协调解决项目推进中存在的问题，目前工程建设正常有序并已接近尾声，计划 2023 年完工并投入使用。谋划 G25 高速公路沿线景观配套项目，主要建设绿化景观、公共停车、体育健身、老幼游乐、休闲设施等内容，总用地面积约 12 万平方米，总投资约 7 000 万元。

七百秧村作为拆迁村，村集体收入原先以利息、店面租金为主，2021 年，七百秧村与另外 4 个村组建成立了丽水市五联实业有限公司，并摘牌七百秧 A-9-10 地块建设村集体用房，项目总用地面积约 34.5 亩，地上建筑面积约 36 784 平方米，总投资超过 1.5 亿元。李镔充分利用建设部门作为工程建设行业主管单位的有利条件，协调相关单位，全力加快项目技术前期工作。

由于该项目为五村联建，且涉及多个自然村，各村情况有不小差异，利益协调和资金筹措难度较大，导致项目迟迟未能开工。李镔和村“两委”同志都非常着急，已经缴纳的将近 2 000 万元土地款每时每刻都在产生财务成本，越迟开工损失越大。

从实事求是出发，李镔提出了变更建设方案的建议，并全力争取管委会的支持，由五村联建调整为六村共建。经过努力，目前已具备施工招标条件，确保年内开工建设。

作为村第一书记，李镔系统学习了全市基层党建工作会议精神、会议内容，领会了“红耀绿谷、强基共富”的主要精神。他把党的政治建设摆在驻村工作贯穿始终的首位，全力推动七百秧村以党建统领网格智治，推进村庄治理体系和治理能力现代化，建立专职网格员、兼职网格员、包联人员“三位一体”网格治理团队，整合村“两委”成员和党员干部、志愿者等组成治理团队，积极协调化解各类矛盾，确保村庄平安和谐稳定。此外，充分发挥机关党支部的作用，加强建设局党支部和村党支部的联动，以党建联盟促进基层治理，组织多次支部联合活动，把党建成果转化为推动发展成效。

开发区建设局支部与七百秧村支部开展联合共建活动

在村“两委”和党员群众的共同努力下，七百秧村党支部被南明山街道党工委评为2022年村（社区）党组织先进集体。

莲都篇

凝聚万众“疫”心　守护一方平安

——中国银行丽水市分行派驻南明山街道桐岭村农指员　张向荣

面对境外新冠疫情持续蔓延，国内疫情呈现多点、散发、面广的形势，如何切实做好疫情防控工作，为百姓筑牢健康的防护网，是每一位农村工作指导员的一道必答题。从下乡的第一天起，张向荣就非常关注村疫情防控各项工作，积极协同桐岭村“两委”干部，认真细致做好疫情防控的每一件“小”事，共同合作打赢防疫战，做好一方百姓的“守护神”。

坚持推动全民疫苗接种　构筑免疫屏障

尽早形成人群免疫屏障，才能有效巩固来之不易的疫情防控成果。桐岭村“两委”利用微信群、电访、入户等多种渠道宣传疫苗接种相关科普知识，并根据桐岭村人口情况，将常住人口、农业人口和困难家庭等作为宣传重点，消除群众顾虑，提高接种意愿。遇到部分老人出行不方便，张向荣就同村“两委”干部开车到百姓家里把老人接出来送去接种，确保老有所依、有求必应、不漏一人；个别村民对接种意愿不强，找各种理由不配合，张向荣就带着村干部三番五次上门做思想工作，以“牛皮糖”精神，苦口婆心劝说大家尽早完成疫情疫苗接种，于是在百姓的家门口、田头上、凉亭边不时出现这群人的身影，不厌其烦地做着大爷、大妈的思想工作，动之以情晓之以理，逐渐消除大家的顾虑。认真与坚持是法宝，“只要功夫深，铁杵磨成针”，村干部思想统一、行动坚决，该村的疫苗接种工作开展顺利，接种率达 99%，做到了“应接尽接”。

重视常态化防控工作　织密疫情防护网

疫情防控是一场没有硝烟的战争，张向荣深知工作一旦有疏忽，必将给全村百姓的生活造成很大的不便，甚至损害到村民个人的健康。张向荣同村“两委”干部多次认真研究如何构建常态化的立体防护措施，提出要充分发挥农村基层党组织的战斗堡垒作用和共产党员先锋模范作用，构建党员联系群众制度，广泛发动群众，打好疫情防控的“人民战争”。建立每一名党员干部联系10～15人网格化管理，做好日常联系走访；坚持网格化和大数据并重，持续开展精准动态排查，加强对疫情风险区域回村人员的排查，尽早发现、尽早报告；对重点防控区域回乡人员做好信息登记、核酸检测和日常健康监测，指导做好个人防护。

保持高度警惕　时刻准备打好每一场硬仗

在第一时间做好全面排查，严防死守是杜绝疫情散发的重要措施。2022年8月3日的晚上11点，突然接到开发区疫情防控指挥部的电话，要求开展全员核酸检测，桐岭村党支部书记苏涛第一时间通知村“两委”干部，大家立即前往村文化大礼堂检测点位，按预案分工，开展各项准备工作，核对疫情物资、通知志愿者、搭建帐篷，大家通宵达旦，不辞辛苦，心里想的是第二天早上4点开始的核酸检测必须顺利进行。桐岭村点位每日需检测人数约800人次，检测现场，人手不足，大家就身体力行，相互补位，村干部钟云龙每次都亲自背起喷雾器做好现场消杀、朱群仙叫来在家休假的女儿当登记员等事例不胜枚举。2022年南明山街道两次突发检出阳性案例，组织开展了2次大规模核酸检测，每一次都是对村“两委”抗疫工作的一次大考。百姓的健康安宁，就是干部的担当，大家扛起责任，负重前行，无怨无悔！

不是一个人在战斗　组织永远是坚强的后盾

抗击疫情是一场持久战，广大奋战在一线的抗疫人员付出了极大的努力。作为一名派驻农村指导员，张向荣的工作得到了中国银行丽水市分行的大力支持，分行高度重视该村的建设与疫情防控工作。2022 年 8 月 26 日，受中国银行丽水市分行党委委托，中国银行丽水经济开发区支行行长叶登科携同派驻开发区桐岭村农村指导员张向荣前往桐岭村调研、慰问。叶登科行长认真听取了村“两委”对村基本情况的介绍，双方就村集体经济发展、共同富裕、美丽乡村建设等话题展开了深入的探讨与交流。叶登科行长表态，中国银行将充分发挥金融优势，助力村集体经济的发展，为村民提供贴心的金融服务，多举措推动强村富民工作，履行大行社会责任与担当。同时，对参与村抗疫工作的人员送上慰问，鼓励大家齐力同心，坚决打赢抗疫战，做好百姓守护神。

在桐岭村调研、慰问

当好乡村发展“接棒人”

——莲都区委办公室派驻碧湖镇下叶村农指员　钟秀琳

当得知被下派到莲都区碧湖镇下叶村担任农指员，钟秀琳有些许期待，又有些许兴奋。但刚到下叶村不久，她就发现下叶村是一个后进村。用村支书的话来说，是一个典型的“三无村”，村内集体资源少，村级道路年久失修，连村委会也只能与老人协会共用。望着下叶村热情淳朴的村民，她感受到的是肩上那份沉甸甸的责任，当好乡村发展“接棒人”，成了她必须完成的任务。

聚民情，听民意，兼顾“一老一小”

“一枝一叶总关情，群众利益无小事”。和大多数村一样，下叶村的常驻人员以老人和小孩为主，因此，兼顾“一老一小”成为她工作开展的一大绝招。日常工作中，她变“走访”为“坐访”，没事到老人协会坐坐，有事也抽出时间来到老人协会坐坐，和老人一起看戏曲、听老人唠嗑，协助下乡服务的医生给老人测量血压，成了村里老人协会的常客。渐渐地，老人家们开始亲切地称呼她为“小钟书记”。

暑期，考虑到村内留守儿童假期生活较为单一，她又自愿当起了小朋友们的暑期老师，开展“关爱雏鹰，关注成长”爱国主义教育活动。活动中，既巧妙地以知识问答的形式向小朋友们宣传了社会主义核心价值观等知识，又让小朋友们通过拼组地图表达对祖国的热爱，同时，还和小朋友们玩起了魔方。临时改成活动场所的办公室，不时传出阵阵欢笑声，洋溢在下叶村四周。

聚众智，强抓手，发挥党员作用

“在农村，党员队伍就是一个凝聚民心的重要抓手。”因此，“上好每一次党课”成了她工作开展的又一个绝招。每次主题党日开展前，她都会精心挑选一些与党有关、与农村有关、与当下热点有关的内容，作为本月微党课的内容。比如 3 月，以植树节为契机，挑选《朱德与中国植树节》作为党课内容，希望广大党员干部植绿家乡，发扬“前人种树，后人乘凉”的精神，坚定不移走绿色发展道路。10 月，又结合 10 月 16 日党二十大胜利召开的契机，挑选《新时代新征程党的奋斗目标》作为党课内容，旨在和广大党员一起深入学习贯彻党的二十大精神，感受新征程的恢宏气势。同时，她也通过“上党课”，发动党员干部参与宣传“一户一宅”、疫苗接种、秸秆禁烧等工作，如部分村民因行动不便无法接种新冠疫苗，她就和党员干部一起，安排车辆统一接送，送服务到家门口。

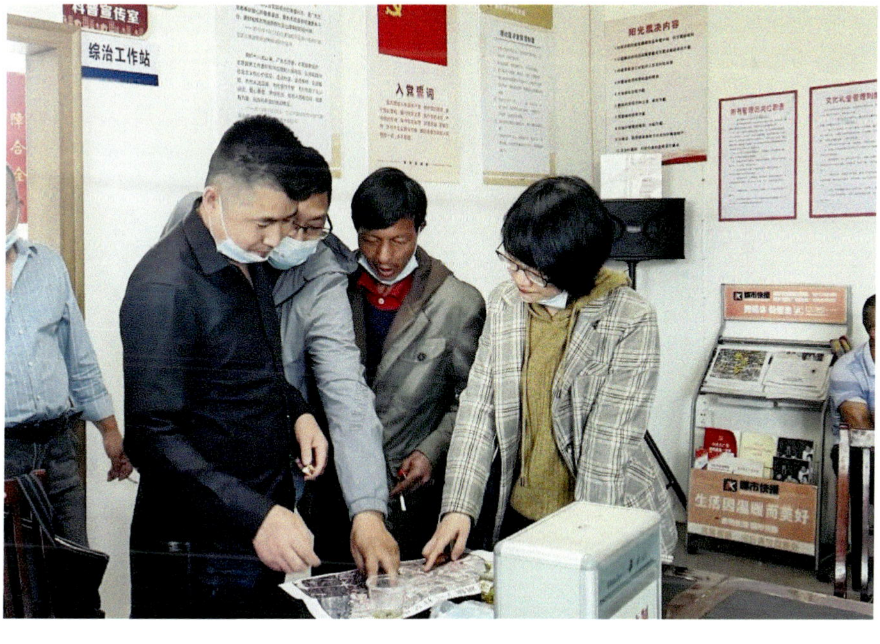

和村里党员干部商讨“一户一宅”推进工作

聚合力，稳落实，谋划村庄发展

在发展建设方面，她曾反复思考作为村第一书记该做点什么，又能为村里做点什么，并将自己的努力融进了下叶村发展的点滴。村里道路坑洼，尤其是水塘边村道存在安全隐患，她数次与村干部探讨解决办法，跟踪隐患解决进度，最终修补了安全漏洞；廊桥对面小公园的树木密度不够，她看在眼里，记在心里，紧抓植树节的有利时机，组织单位同事，到下叶村种植了20多棵树苗；党员微心愿认领活动开始，她第一时间将下叶村困难村民的微心愿推广给单位同事，让村里困难村民的微心愿得以尽快完成，用实际行动诠释了党员干部“用脚丈量工作，用心凝聚民心”的决心。

向群众征集意见，谋划村庄发展

莲都篇

用思路蹚出乡村出路

——丽水市烟草专卖局公司派驻太平乡竹舟村农指员　高亮全

“高书记好！”“高书记快进来坐坐！”每当村民看见他，大家都热情地向他打着招呼。2023 年年初，高亮全担任莲都区太平乡竹舟村的驻村“第一书记”，虽然驻村工作仅一年时间，但他已经走遍了全村每个角落，了解群众所想、所需、所盼，努力做到为村民办实事、解难题。

为持续深入推进“我为群众办实事”实践活动，高亮全带领丽水市烟草专卖局（公司）的“香溢”志愿者前往太平乡竹舟村开展慰问送温暖活动，为该村的 32 位贫困户及孤寡老人送去粮油等慰问品和 25 600 元慰问金，并详细了解他们的困难和需求，努力为困难群众办好实事，当好服务群众的贴心人，树立了企业的良好社会形象。

走访农户

为了助力农村产业发展，高亮全持续跟进光伏发电项目进度，严格按照工作要求，与各方主体保持紧密联系，落实帮扶资金60万元，助力光伏项目在第一季度顺利启动。以产业项目为“龙头”，助力产业链、供应链、服务链的补强、延伸、拓展、升级，形成全面协调可持续程度更高、辐射受益面更广的产业发展模式，把产业链延伸环节更多留在乡村，把产业发展的增值收益更多留给农民，努力实现了产业帮农，此外，高亮全还积极助力村里共计9万多元的农产品卖向全省。

察看光伏发电项目

为了进一步传承弘扬雷锋精神，加强精神文明建设，高亮全在2023年共计组织开展2次志愿服务活动，其中在3月组织开展了丽水烟草“雷锋精神薪火相传”系列志愿活动，活动内容主要包含三个环节，一是开展“春暖三月学雷锋 植树奋进践初心”签名仪式，和竹舟小学的同学们一起植树，制作“我和小树共成长”树牌，让同学们写心愿挂在树上做心愿树；二是开展垃圾分类树新风活动，组织“香溢”志愿者对村沿线街道垃圾进行清理；三是开展“雷锋精神代代传”进校园的活动，通过分发“学雷锋”倡议书、阅读雷锋日记、唱一曲《学习雷锋好榜样》、点亮微心愿送书籍及文具等活动，切实温暖童心、筑梦未来。

与村民座谈

为了进一步提升基层党组织党建工作规范化建设水平，高亮全指导村党组织生活 12 次，开展党建联建活动 2 次精细化指导党务工作者规范开展党组织换届、党费收缴、党员发展和党组织关系转接等实务工作，共计组织召开 22 次会议，走访农户 175 户次；通过耐心劝解，帮助化解村民矛盾 1 起，劝阻上访 1 起；向 192 位村民开展了“最多跑一次”等改革的政策宣传。

“只有用思路才能趟出乡村出路，在乡村扎根，为的就是心中坚定的使命！”高亮全始终用行动来践行自己朴实的想法。

龙泉篇

一笔一画把蓝图描成现实

——丽水市移民服务中心派驻兰巨乡大巨村农指员　吴建国

2019 年，龙泉市大巨村是浙江省扶贫重点帮扶村，又面临后进村党组织整顿工作。2019 年 7 月，丽水市农指办派吴建国担任兰巨乡大巨村农村工作指导员。至 2022 年，村庄累计完成各项建设投资近 2 500 万元，实现村集体经济经营性收入 51 万元。面对当年不到 1 万元的集体经济收入和坑坑洼洼的村庄，他和村“两委”一起做了些什么呢？

绘图造势

总投资 2 155 万元的村庄规划建设，在 2019 年刚提出来的时候，有村民说这是“疯狂”的。经争取有关部门支持，20 多万元的规划费用得到落实，但花了 20 多万元的规划设计费用也让部分村民觉得做事没“谱”。正是以这种似乎不靠谱的方式强行介入才给这个沉寂的村庄带来了久违的躁动。“空气清新，如诗如画，宁静致远，乐享宜居，依山傍水，阡陌之间，隐隐炊烟，逸趣满怀”的诗画大巨构想远景如春雨，在村民群众天天热议中，滋润萌发升华。通过造势，村“两委”的梦想就是村民想要的生活，并逐步汇聚成为美好生活奋斗的强大动力。以拆违拆旧拆破为例，全村同心一致，累计顺利有序和谐完成拆违拆旧拆破 300 多处（点）近 5 000 平方米。

顺势谋事

信心塑造了，氛围营造了，吴建国和村“两委”一道顺势谋划村级办公场所建设，给群众一个议事、谋事、商事的地方。经努力，筹措落实资金

龙泉市大巨村村貌

180 多万元完成了占地 556 平方米、建筑面积 2 296 平方米的便民服务中心综合楼建设，村民的心里一下就亮堂起来了，原来蓝图不是空中楼阁，是村“两委”真心实意谋实事。在派驻单位的支持下，吴建国与兰巨乡党委政府一道在大巨村和邻近的桐山村谋划了百山祖国家公园主入口（龙泉市兰巨乡大巨区块）水库移民共同富裕示范项目，并成功争取省里 1 100 万元的资金支持。同时，在村“两委”敢于担当、敢于干事的闯劲感召下和龙泉市有关部门的支持下，180 万元的美丽宜居示范村项目、490 万元的“阡陌大巨”美丽乡村建设项目、200 万元的省级休闲乡村创建项目、260 万元的纱帽潭农用桥项目、100 万元的曹坑—西山岱连接线拓宽工程、22.5 万元老茶叶厂提升改造项目、350 万元的大巨龙祥民宿综合体项目、200 万元的移民美丽家园提升改造工程项目、70 万元的村亲水平台打造项目、130万元的大巨村休闲公园项目等顺利完成实施。当前，该村年生产鲜切花200多万支，占本地鲜花市场的70%；水产养殖30余万千克占本地市场份额的60%。经过这几年的努力，“阡陌大巨”品牌已初步形成，宜居宜业的山水田园居蓝图正在逐步变成现实。

借势强基

吴建国派驻大巨村以来，该村后进村党组织整顿转化工作全面完成，完成正式党员转正1人、培养预备党员1人、培养入党积极分子3人，村党支部书记被评为浙江省最美文化礼堂人。在不断强化村“两委”和党员队伍战斗堡垒作用的同时，积极开展村集体经济消薄工作。在村“两委”的共同努力下，筹措资金50万元借力“山海协作”入股嘉兴市“飞地”产业园项目，成功实现村旧办公场所、农家乐、茶厂、游乐综合体项目等出租合作和小水电入股。2022年，村集体经营性收入已达51万元。所在村的龙泉市重点项目龙祥观道家养生园、瑞洋饮水工程等重大项目稳妥有序推进并实现无障碍施工，实现了“零上访”和治安案件、刑事案件的“零发生”。

龙泉篇

农产品要有文化

——丽水市新闻传媒中心派驻八都镇安田村农指员　陈建生

2022 年龙泉红第六届斗茶赛 7 月 23 日揭晓，安田村制茶师冯伟喜提大宗类红茶茶王。

随着生活品质的提升，现在作为农产品的茶叶不仅仅是开门七件事的日常消费品，人们更注重喝的是健康，喝的是文化品牌故事。所以作为农产品的茶有文化的加持才会走得更高更远。

2022 年因疫情影响，之前一直走货福建武夷茶叶市场的龙泉红茶走货不畅，因疫情防控福建茶商过不来，仅安田村茶业合作社就有八九千斤制好的干茶至今还没走掉。迫于资金压力，合作社负责人打算把一批自有基地按绿色标准生产的，可以说是“压箱底”的高品质茶叶低价整体走掉。

一直以来，陈建生不赞成高品质成品茶低价整体走货，一则利润率低，只挣打工钱，更重要的是人家拿货包装成自己的品牌走市场，不利于自己品牌的建设。但是货走不掉，资金压力大；二道茶采摘加工眼看就要开始，面对积压的货物，合作社不敢收茶青生产引发连锁反应：茶农眼巴巴看着茶叶过季没收入，采茶工没活干也没收入……

报社的老同事徐志健退休后在丽水汽车协会任秘书长，他帮忙安排了“浙丽来消费 · 美好生活季”促销活动的一个免费展位，让陈建生联系村茶叶合作社来支个摊，不花钱也参与了产品展示。

没有自有茶青生产基地，让茶叶合作社吃过不少茶叶品质不稳定的亏。总是走不出这样的怪圈：茶青收购价格高了，来年茶农为求产量一个劲地施用化肥，结果产量提高了，茶青叶也很漂亮，所制的红茶看是好看，但不仅做不出花果香，喝起来也清汤寡水，最终还是赔本。

早年冯伟立下宏愿：此生要管理500亩茶叶山场。这一人生宏愿，2021年他就超越了——他在龙泉各乡镇的山头管理800多亩茶叶山。这几十年来冯伟制武夷红茶外人看来红红火火，但钱这边进来那边流走，手头的资金还是没有，所赚的钱全在茶叶山上，就为把控茶青品质下血本从源头做起。

茶叶出味还跟采摘标准、山场、工艺、冲泡方法有关。这里说的山场，陆羽《茶经》里说，茶树上者生烂石，中者生砾壤，下者生黄土。所谓的林中茶，茶中林，就是陆羽所推崇的山阳林阴。武夷茶商的说法茶树所处是小气候环境，茶山间种些阔叶乔木。清明节那天，与茶叶合作社负责人一道去龙泉市八都镇附近的一处山场收茶鲜叶，这块山不是合作社自有的，合作社用9 000元买断这块山场茶叶一茬的采摘权，制出的红茶口感尤其好，尽管山场海拔不高，只有300多米，但茶韵很显。这山场茶青叶出好茶是因为这片茶叶山几个合伙人间有纷争，连续3年没施肥管理过，处于自然生长状态。

驻村指导员（中）向武夷山制茶师傅学制茶技艺

冯伟对自有基地茶青品控理念的转变是，这些年来他每年制四五万斤红茶都让福建茶商批量倒走，茶商拿货贴武夷红茶的品牌走向市场，利润的大头茶商拿走，而他在整个环节中尽管产业链拉最长，但只挣到打工的钱，所以，陈建生一直在鼓励他自创品牌，努力爬到产业链顶端去赚钱。获奖的这些茶是他为自创品牌从源头把控茶青品质而生产的，无论是山场的选择，还是种植过程的管理，都是按他制武夷系红茶 20 多年实践中觉悟到的经验来生产。茶青生产的成本也高，制出来的茶品质非常好。

品质好的农产品更要有文化。多年前与时任丽水市文化局副局长吴利明谈到文化为农产品赋能，他举例说作为人们平常生活中调味料的葱，是一种随处可见的农产品，是人们日常饮食中的点缀。但是，在我国台湾宜兰县三星乡，葱却一跃成为明星产品，卖出很高的价。除了农产品本身质量过硬，也得益于当地深入挖掘葱文化，打响知名度，让三星青葱进一步增加农产品的附加值。

由三星葱，我们看到了农产品在文创赋能下的广阔前景。但如何做到当地文化的挖掘与创新，是我们农村工作指导员需要深入思考的问题，而茶叶在我们中国更有其悠久文化属性，其文创产品价值没上限。

龙泉篇

我与项边村传统文化结“缘”

——丽水市教育局派驻安仁镇项边村农指员　赵巧伟

2023年3月初，在龙泉市安仁镇党委的支持下，赵巧伟与村干部等通过一年左右的调研、筹划与协调努力，一个占地约10亩，以传统龙窑工艺烧制方式为主体的青瓷文化创客空间正式开工建设，这将彻底改变人们印象中龙泉“只知南区大窑遗址，不识东区安福遗址”的历史。

自从赵巧伟担任项边村第一书记以来，按照省委提出：“提高乡村文化兴盛度”的要求，一心一意为乡村文化振兴谋发展。经过大家共同努力，已筹集资金200余万元，基本完成龙窑主体建设，并通过众筹的方式开展龙窑烧制。创客空间建成后，面向游客、中小学生、青年创客、青瓷大师，集成青瓷烧制、作品展示、培训研学、文创开发、直播带货等功能于一体的场所。将创客空间与安仁富有乡土特色的传统文化融合起来，提升壮大村集体经济。

参与乡土特色的传统文化活动

项边村位于龙泉市安仁镇西面，是安仁镇最大的行政村，是历史文化名村，也是安仁镇的政治、经济、文化中心。项边村共有28个村民小组，户籍人口2 893人，常住人口

5 164 人。

村内人文景观和自然景观十分丰富，文化古迹众多，全国文保单位永和桥是一座木石结构的悬臂式廊桥。始建于明成化年间 (1465—1487)。桥五墩四孔，全长约 125 米、宽 7 米，桥墩用条石砌筑，石墩上置悬挑木数层，再架以木梁，铺桥板。全桥雕梁画栋，十分壮观，它是一个“桥梁博物馆”，是浙江省保存至今最完好最长的廊屋桥，是人们旅游观光的好去处。

村内保存有龙泉市最早、延续时间最长的书院——仁山书院，建于明正德十五年，仁山书院位于项边村头，校牌、校铃俱在；仁山书院有校址 3 处，季步高烈士、李逸民将军曾在此就读，湘湖师范、央士大学曾迁徙于此，是开展乡村传承耕读文化研学教育的好基地。

项边村的板龙文化已有一千多年的历史，表演形式灵活多变，十分精彩。项边村现有龙泉市非物质文化遗产项目“西溪花灯”代表性传承人季金华，丽水市非物质文化遗产项目民俗·安仁稻草龙代表性传承人叶岳明等人。

据近期故宫博物院考古专家认证：安仁是元代时期生产外销瓷器的主要产区，安福至仙宫湖畔散布着古窑址 220 余处，专家学者推测其多为安福窑。

这些散落在项边村璀璨的文化遗产，靠什么串连在一起？赵巧伟的第一想法就是要挖掘周边安福龙窑遗址，需要打造一个“重量级”有影响的“景点”。龙泉热门的旅游项目集中在宝溪、住龙一带，为红色旅游带；青瓷制作教学集中在龙泉市中职校、上垟青瓷小镇，偏应用化，为体验式旅游；我们在安仁打造龙窑创客空间，是集青瓷文化、文化遗产、餐饮文化于一体的多元文旅融合基地。

安仁是丽水进入龙泉的门户乡镇，安福村位于 322 国道沿线，距龙泉、安仁镇近，区位优势十分明显，是近郊游和过境游的绝佳位置。过去

挖掘龙泉东区龙窑文化建设研学基地

大多的游客都只冲着“安仁鱼头”而来。现在我们设想：让游客在品尝“安仁鱼头”美味的同时，还能坐下来“品尝”我们安仁深厚的文化“味道”。以安福龙窑遗址为龙头，打造成为“文旅融合”的典型区块，带动周边文化产业的发展与繁荣。

过去，安仁虽客流量大，但游客停留时间过短、消费项目偏少，打造龙窑基地，对于挖掘东区龙窑文化有着里程碑的意义，可延长旅游路线促消费。打造项边文化村，以仁山书院为龙头，现在已投入 100 余万元开始修复，建设传承耕读文化的研学基地，集成研学特色，形成文化产业优势。

赵巧伟通过与镇、村的共同努力，积极提升龙泉东区发展速度，每年预计为项边村拉动村集体增收 20 余万元；通过龙泉青瓷名家引领，提升龙泉东区窑址文化的知名度；与张畈进士文化、项边书院文化、廊桥文化、板龙文化、餐饮文化、集镇小镇文化客厅串点成线，包装文旅线路，将文化“融合统一”，品牌“一齐打响”，切实提高安仁镇乡村文化兴盛度，让他自己也真正与项边村传统文化结“缘”。

龙泉篇

贡献乡村建设力量

——丽水市文化旅游投资发展有限公司派驻兰巨乡豫章村农指员　吴利平

2022年以来，豫章村“两委”与驻村第一书记通过一系列举措，村容村貌得到进一步提升，村庄绿色发展有了更明确的目标。村集体经济收入再上一个台阶，2022年村集体经济总收入为33.56万元。

加强政治理论学习，促进实干兴村

深知思想教育和理论学习的重要性。吴利平作为驻村第一书记，认识到只有自身掌握好理论知识，才能让驻村工作顺利开展。依托民主生活会、主题党日、“学习强国”平台等，切实抓好党员干部的思想教育和理论学习，以高标准做“规定动作”开展学习活动，通过“书记上党课”“联系领导上党课”，分享党史小故事，将学习党史同讲好人好事结合起来。通过党史学习教育，进一步加深党员同志对党的历史、党的理论和路线方针的认识，激发爱党爱国热情，把政治学习活动转化为强大精神动力。

强化使命担当，落实工作责任

为民服务是农村指导员的一项重要工作。吴利平始终站在民情工作第一线，坚持带头抓好听民声、察民情、访民意等工作。紧密结合“党建引领”、党史学习教育，第一时间传达学习党中央和上级党委会议精神和要求，把了解民生需求工作进行安排部署和推动落实。关于重大问题的处置，及时上报上级党委，牢牢把握工作的主导权、管理权、话语权。针对存在的问题，提出改进建议措施。把民生实事工作作为民主生活会和主题党日的重要内容，接受监督和评议。充实和加强信息管理工作力量，

学习党中央和上级党委会议精神

落实网格化管理，切实维护本村民情安全。

加强宣传思想文化，通过横幅、广播、传单及各类媒介，宣传民生实事，好人好事。对工作中出现的突发公共事件和其他事件，第一时间了解实情、汇报上级及现场处置，妥善处理好民生事件。如针对有村民提出本村集体资源合同不符合市场行情的情况，吴利平和村“两委”找回托管林地合同，发现本村有 30 多份集体经济合同。往年平均年经营收入在 38 000 元左右，由于历史的原因，这些经济合同并未给村里带来好的经济收益，导致豫章成为村集体经济薄弱村。2022 年 5 月，针对未及时缴纳租金的矮门山片茶山整合提升，外包的 160 亩茶山进行收回，保护集体资源不流失。针对本村的承包合同，首先对问题合同进行了全方位的整理分类，将合同整理为有效、低效、无效、存档合同 4 种，并在村“两委”会议上制定了合同清理实施方案，于 10 月 12 日召开村民代表会议，商讨通过了解决方案，并对有效、低效、无效合同涉及的有关对象发送了告知函。截至 2022 年年底，共追回资金约 3.5 万元；废止无效合同 7 份；对超过 20 年的 8 份低效合同进行重新签订，确保租赁期不超过 20 年；一次性结清及归为存档合同（不需每年收取租金的合同）的有 3 份，有效地确保集体收入能稳步增长。

夯实宣传基础，筑牢服务根基

新闻如鲜果，过时不堪嚼。吴利平深知做好宣传工作才能更好地服务基础，故以宣传工作为抓手，围绕重点加大宣传，认真做好引导和管控工作。充分认识新媒体的重要性，主动发声，围绕百姓关心的事，如疫苗接种、疫情防控、产业发展、村项目建设等，通过召开会议、日常走访、发放资料等方式进行解答。围绕加强繁荣乡村文化、践行主流价值、培育文明新风等方面，积极开展文明实践活动。结合植树节、清明、端午等节庆活动开展丰富多彩的文化活动，极大地丰富村民精神文化生活，如本村举办的“宗亲拜祖，齐聚宰相故里”乡村漫游节活动，此次漫游节活动围绕“宗亲拜祖”展开，越剧表演、祭祀舞蹈表演、文艺演出等丰富多彩的内容吸引游客纷纷前来游玩，进一步加强了宗亲联谊，传承了家风祖训，打造村民家风家训精神家园。

兰巨乡豫章村举办的乡村漫游节活动

树一面旗帜　寄一缕乡愁

——丽水市委编办派驻塔石街道山际口村农指员　陈政

担任龙泉市塔石街道山际口村农村工作指导员，既是组织任务交办也是陈政个人情怀所系。工作中面对村农业经济萎缩、产业缺乏、劳动力外流的现实困境，如何找到突破口、打开局面，为群众提供帮助，成为现实难题。

党员先行，树一面旗帜

浙江省自上而下全面加强党建工作，从组织部门的党建统领到宣传部门的文化礼堂，从不忘初心、牢记使命，到听党话、跟党走，基层党建在广大农村具备了扎实的基础。在农村基层，党员是先进的象征，要抓好基层党员和基层组织这个关键，树立党员先锋模范标杆。坚持党建统领，陈政通过主题党日等活动加强党的理论政策宣传，引导村民听党话、跟党走。在疫情防控、维稳安保、自然灾害应对等系列急难险重任务中发挥党员先锋模范作用，厚植党的执政根基。陈政先后累计组织党员干部参与新冠疫情防控、重要时点值班值守等工作 140 余人次，较好完成疫情防控任务。组织党员干部带头，按区域落实维稳安保责任，为重大会议、重大活动营造稳定外围环境。面对 2022 年 6 月突如其来的洪涝灾害，陈政组织党员干部逐一排查风险隐患，全力守护群众生命财产安全，在“6·20 洪灾”期间，没有出现村民因洪灾发生安全问题，也没有出现村民私产严重受灾情况。党员先锋模范形象在村民心中不断巩固，党员身份愈发成为先进分子的象征。

主题党日活动

民生为本，递一份关爱

民生是幸福之基、和谐之本。关注农村人居环境、提升农民生活水平，是农村工作指导员的应有之义。丽水作为省内加快发展地区，虽然农村居民收入连年递增，但由于基础薄弱，农民生活待改善的问题仍较为突出。加强保障，为村民提供力所能及的帮助，成为陈政指导员工作的又一抓手。山际口村常住人口 106 人，其中低保户 16 户 24 人、低保户边缘 8 户 14 人。针对现实情况，陈政积极对接，统筹安排并组织开展好访贫问苦活动，春节走访慰问困难群众 40 余户次，慰问对象包括孤寡留守老人、独居年迈退伍军人、因病致困群众家庭等，为群众带去组织的关怀。安排慰问工作做好对象公示，注意统筹平衡，用足政策尽可能多地覆盖低收入人群，并主动接受群众监督。同时，引导村民建立风险意识，重点关注村民医疗保障和保险工作，引导和推动村民按期缴纳城乡居民医疗保险、主动参与“浙丽保”，不断扩大保障覆盖面，着力解决“因病返贫”问题。

2022 年该村城乡居民医疗保险覆盖率 99%，“浙丽保”覆盖率 95%。

强化保障，寄一缕乡愁

故乡，往往是乡愁的寄托，是内心深处的念想。山际口村作为万千普通农村中的一角，如何推进文化建设，营造村民的家园归属感，是工作中的又一难题。初到山际口村得知，该村勉力建成结顶村委会大楼，面临无力装修使用的困境。为此，陈政与村干部商议，积极争取所在街道及相关部门支持，通过分期分步实施的方式推进大楼装修工程，一期安排外墙装饰以及 1 楼文化礼堂和 2 楼部分村民活动场所装修。过程严格遵守制度规定，公开招标，所需资金来源包括：宣传部门农村文化礼堂建设资金、陈政派出单位支持资金、村集体自筹资金等。资金实行专款专用，全过程严格监督、规范管理。2022 年年底，大楼一期装修工程完成，集村委办公、文化礼堂、党员活动、便民服务等功能于一体的活动场所正式投入使用，成为村民集体活动的主要场所。同时，注重配合抓好村民居住环境改善，完善路灯、广播等基础设施，持续推进“厕所革命”，不断改善人居环境，提升村民获得感、幸福感。外出务工和生活的村民，在返乡之时体会村集体凝聚力下的故乡风貌，在外工作生活时回味绿水青山下的一缕乡愁。

回首指导员的农村工作，有理念冲突、也有同舟共济，有增收焦虑和本领恐慌、也有工作完成的些许成就感，身为指导员，个中酸甜苦辣尽尝，为农村贡献力量的同时，亦是在农村工作中成长。期望各界对加快发展地区的农村和农民给予更多的关爱支持，通过产业配套等吸引青壮年劳动力回流，带动农村经济发展和农民增收，助力乡村振兴。

龙泉篇

农村工作“小白”的成长手记

——中国移动通信集团浙江有限公司丽水分公司派驻小梅镇
梅二村农指员　杨蕴

有幸被公司选中派驻到单位结对村担任驻村指导员，杨蕴的内心既惶恐又自豪，惶恐的是自己虽然出生于农村、长于农村，但对村具体事务是如何运转落实的却一无所知；自豪的是自己的努力得到了组织的认可和能够成为祖国乡村振兴这片“星辰大海”般事业中的一点“星光”。

她清楚地记得刚到村时，在村干部和村民的眼中看到了“疑惑”——这个驻村指导员怎么看怎么是个农村工作的“小白”，而她确确实实有点不知所措。但心中那股“不服输的干劲”让杨蕴在后续工作中如何才能打

与村干部边走边谈

消村干部和村民的“疑惑”，成为激励她决心做点什么的“动力之源”。

尽快进入角色是走出困境的“第一步”，那么走访就是走进群众心灵最快的那条“捷径”，而熟悉村务也是做好各项帮扶工作的“基石”。说干就干，杨蕴从倾听开始，倾听村干部对村基础设施建设、产业发展的建议和意见，倾听群众在衣食住行方面的困难和诉求，倾听了解困难群众的致贫原因等，一一都用“小本本”记录起来，让一切都能够了然于心。

与村书记商谈村务工作

与村困难群众交谈

龙泉篇

民生问题无小事，处处留心皆民生。在倾听调研的过程中了解到原村聚餐点没有合适的场地及资金，一直在村委会二楼临时置办使用。因楼梯老旧，特别是南方阴雨天气返潮的时候，非常滑，给端菜搬料帮忙的村民及参加聚餐的老人、小孩造成了非常大的安全隐患，时常有村民不小心摔倒。经与村“两委”及单位帮扶小组共同商议，重新选择地点，并将帮扶资金用于新建点的装修及设备购买。从“聚餐点选址—建设布局商讨—厨房、就餐区、辅助区建设落实—桌椅、空调风扇及消毒保洁设施设备的采购”，每一个繁杂流程的落实、每一个事无巨细的点滴都无时无刻不在帮助她成长。看着曾是一片荒废的场地，如今在村干部和村民的努力下一点点、一层层建起成为崭新的房子，感觉一切都跟做梦似的。原来所有的事情只要有那份为民的初心、肯干肯努力，一切问题都会迎刃而解，一切努力也都会有“开花—结果—收获芬芳”的那一刻。在村“九九重阳节”老人聚会上，看着老人们在敞亮干净安全的聚餐点里满脸欢笑、举杯交盏时，她泪眼蒙眬，那种从未有过的幸福感充盈着她的心间。这一刻，杨蕴才真正体会到了伟大的祖国为什么要去做脱贫攻坚、美丽乡村建设、乡村振兴这样一件件有着非凡意义的事业，因为党的初心就是为人民谋幸福。

一分耕耘一分收获，乡村工作中的每一个经历都是她成长过程中向上攀爬的一个脚印。“乡村振兴，任重而道远”，唯有奋斗方不辱使命，杨蕴说她将坚定不移地做好党组织交办的任务，脚踏实地，虚心向前辈、向身边有经验有技术的驻村指导员学习，从迷茫中走出来，努力从一个乡村工作的“小白”向“领头雁”去赶超去蜕变。

驻村结对帮扶二三事

——丽水市纪委派驻住龙镇碧龙村农指员　季卫民

2019 年 7 月，组织上安排季卫民担任丽水市第十一批驻村工作指导员，季卫民成为派驻龙泉市住龙镇碧龙村农村工作指导员，他倍加珍惜这次工作机会，带着对“三农”工作的深厚感情，按照驻村工作要求，积极投身到帮扶工作当中，为群众办了一些实事，得到了组织的认可和干部群众的好评，连续两年均被评为优秀农指员。

当好村情民意调研员

季卫民第一次入村就与村“两委”主要干部座谈，了解到该村与外界

与村干部座谈交流

联系的唯一一条公路因为头一年河道挖沙，车辆超载致使路面损坏严重，村民开车和出行都深受颠簸劳顿之苦，要求维修的愿望十分迫切，但是因为经费无着落，一直得不到解决。他就及时向市纪委（监委）扶贫结对帮扶工作组领导汇报，柳向阳组长非常重视，第二周就安排进村走访调研，并联系带领有关部门负责人到现场办公。两个月之后，龙泉市公路局就开始将 7 千多米的路面进行了全面维修，干部群众拍手称快。碧龙村东西两端分别与遂昌县龙洋乡和福建省浦城县忠信镇毛洋村交界，但是东西两端均无指路牌，造成一些车辆开错方向，给群众带来了很大的不便，而道路因涉及龙泉、遂昌两地管辖，此问题多年来未能得到解决。为此，季卫民赴丽水市公路管理局反映情况，得到路政科工作人员的重视，他们及时安排龙泉市、遂昌县公路管理局解决，并派员到现场督办，不久相距 20 千米的东西两端分别安装上指路牌，得到了群众的称赞。

当好富民强村的服务员

驻村之后，季卫民对村里的低保户进行了逐一的走访，共同谋划增收脱贫的对策。针对村民廖火根、王蔡根等低保户年纪较大身体状况差，外出务工无望但仍勤劳务农，特别是了解到他们两户每年都会靠养猪来增加收入的情况，他就想出送小猪给他们喂养的主意。向单位领导汇报得到同意之后，即四处联系小猪，最终于 2020 年清明节前从莲都区碧湖镇联系到小猪，购买后，给每户送 2 头小猪喂养（每头补贴 2 500 元），并约定养到春节以市场价回收作为福利分发给本单位工会会员。2020 年年底每头猪养大后售价达 9 000 多元，切实帮助这两户低保户脱贫，此举深得全村干部群众的好评，本村杀猪师傅在屠宰时十分感慨地说：这样的好事只有我们的共产党人才能做得到。

送猪仔给村低保户饲养

当好组织温暖的传递员

2020年四季度，村“两委”换届顺利完成之后，季卫民带领村“两委”成员通过“入户问声”活动，细心记录下全村除了已享受低保（37户42人）以外的相对困难户的情况以及他们的心愿，并积极协助丽水市纪委（监委）机关党委实施“微心愿”行动。最终将机关每个党员所认领的款项10 000多元全部捐到村里，为25位生活较困难的老人购买了一年的农医保（480元/人），并给5人送上电热毯、暖手袋等过冬物品，群众满意度很高，各方反应也热烈，受到《丽水日报》等媒体关注报道。

龙泉篇

当一名受村民欢迎的驻村指导员

——丽水市农业银行派驻龙渊街道临江村农指员　李俊

李俊是丽水市农业银行一名退居二线的银行干部，2019 年 7 月被派驻龙渊街道临江村任农村工作指导员，四年多来，他牢记“致力乡村振兴，真心服务为民”的承诺，为村民办实事、做好事、解难事，深受当地村民的欢迎。

让金融“活水”助力村民创业致富

乡村振兴离不开金融“活水”的滋润，李俊作为一名有着 40 余年银行工作经历的金融干部，对金融“活水”助推乡村振兴有着更为专业的认识，把“贷”动一方村民致富作为农村工作指导员的使命。从驻村开始，李俊就深入农户调查了解，用 3 个多月的时间走遍全村建立村民信贷信息档案 225 家，积极做好创业村民融资需求的推荐工作，主动对接市、县两级农业银行和各家金融机构，积极开展整村授信、银村共建等活动，为创业村民提供融资支持服务，累计成功帮助 300 多位创业村民申请到各行惠农贷款，累计授信发放贷款金额达 6 000 余万元，助推了村民实现创业致富。

绿道建设，惠及村民的生产生活

临江村水南坞绿道项目全长 700 余米，用地面积 6 000 多平方米，涉及农户 40 余户，该项目立项于 2018 年村规模调整前，因项目无失地养老政策等因素，政策处理难以推进，2021 年初，村换届新班子上任后，将该项目政策处理作为“开门一件事”首战工作来抓，成立了专门工作队，由村书记和驻村农指员李俊为负责人，李俊带领队员深入农户家中做好村民

水生态修复项目现场

的思想工作，解答村民担忧的问题。对于有老人或病痛的农户，李俊还自备礼品上门走访慰问，在送温暖的同时认真听取和帮助他们解决实际问题，时常工作到凌晨。针对少数关键村民，坚持走访十余次，最终以真心、真诚和真情打动了他们。通过 4 个多月的努力，40 余户农户全部同意，项目用地签约率达 100%，确保了项目进场施工。同时项目施工期间，李俊经常深入工地，及时解决施工队与部分村民的矛盾 20 余起，顺利完成了项目施工建设。水南坞绿道的建成直接惠及水南坞畈 70 余亩农田和全村村民的生产和生活，村民们由衷地赞叹："多亏李书记的坚持，才能有今天绿道的顺利建成"。

危难关头，坚持村民生命至上

2022 年 6 月 20 日 14 时许，强降雨席卷而来，李俊在巡查时发现临江东坑底自然村有山体滑坡，非常危险，立即向街道报告寻求支援，同时不顾个人安危在现场大声呼唤村民转移到安全地带。在得知木制品厂内还有 2 人被困后，立马跑去查看现场情况。由于厂房一楼已被泥石流淹没，情况紧急，李俊环顾四周找来一架梯子，让被困人员从二楼窗户爬出。随后，街道主要领导干部及消防等救援人员赶到，立即组织大批量人员转移，经过半小时奋战，14 名群众全部转移到安全地带。30 秒后，山体发生更大滑坡，一幢平房瞬间被冲毁。看着从身边流过的泥石流，在场的救援人员都深深地吸了一口气。“看到大家没事，我就放心了，再迟一分钟，后果不堪设想啊！”。当晚在接受新闻记者电话采访时，李俊回想起当时的场景，仍心有余悸。

村民的事就是我的事

村民的事无小事，事事都要尽责，李俊把村民当作亲人，将村民的事当作自己的事，为村民办实事办好事作为自己义不容辞的职责，经常到村民家中了解情况，融入他们的生活中，村民每遇到有疾病、红、白、乔迁等重大事时，李俊都会到场关心慰问。平时只要接到村民的电话要求帮助，李俊都第一时间到场服务解决。2022 年 4 月，村里有一位 91 岁老太太因意外致残，他在上门走访了解到具体情况后，就主动到鉴定机构对接预约，亲自接送老太太到医院做肢残鉴定，并全程服务为其申办残疾救助。老太太拿到残疾补助金时激动地说：“李书记，你真好，你真是我们的亲人！”。驻村四年多来，李俊累计为 5 户低收入农户解决了生产融资需求，发放扶贫贷款 39 万元，为 8 户困难户申请到低保政策和残疾补贴及临时救助，为 2 户低保户子女申请到关工委和万象助学的助学金，为低收入农户谋划菜单式扶贫项目，户均年增加收入 1 842 元。关爱走访，累计达 80 余次，关心慰问金额达 4 万余元。此外，他发挥自己银行员工的优势，累计线上为村民办理挂失、改密、换卡等金融服务数十起，并在村里设立了“惠农通”工程服务点，创建了金融自治村，让村民足不出户体验到金融服务。村民们都说：“李书记是我们遇到的最接地气的驻村书记之一！”。

为山乡奏响嬗变的音符

——国网浙江省电力有限公司派驻兰巨乡五梅垟村农指员　陈威

陈威是国网浙江省电力有限公司派驻龙泉市兰巨乡五梅垟村的第一书记和兰巨乡政府绿色发展办公室主任，作为一名从兰巨供电所成长起来的扶贫干部，他与兰巨乡同呼吸，用赤诚的初心见证了兰巨乡十多年间的嬗变。

山乡产业致富的“金招牌”

作为兰巨乡各帮扶村的“常客”，从2008年被分配到兰巨供电所起，陈威和供电所红船服务队的队员们走遍了一个一个台区，从一级一级杆塔开始摸排，1 000多个日夜，在陈威的带领下，落实农网升级项目24个，改造10千伏线路43千米，新建台区12个，变电容量猛增了3 400千伏安……在当地百姓眼中，陈威和他的红船党员服务队俨然成了兰巨乡茶产业的顶梁柱和护航者。

“金观音”茶是兰巨乡乡村振兴发展的支柱产业，但2020年初那场突如其来的新冠疫情让“金观音”新茶上市就面临着滞销，陈威看在眼里，急在心头……在公司和乡里的大力支持下，陈威率先在供电所营业厅设立了“金观音”茶的展示销售区，并在全市进行了推广，然后又通过牵线搭桥，组织政府部门和丽水全市各供电公司前来“爱心”采购，都取得了不错的成效。

陈威还义务当起了“带货主播”，为金观音茶等帮扶农产品代言、吆喝。不仅是金观音茶叶，黑木耳、仙仁长寿大米也在陈威的带货范围之列，为了顺应“互联网”时代的营销模式，他还与公司团青小伙伴一同捣鼓出了微信小程序“龙 e 买”网购平台，助力这些帮扶农产品“卖得出、卖得好、卖得更远”。

走访慰问

山乡父老乡亲们的“娘家人”

作为一名基层帮扶干部，他对农村有着深厚的感情。

“大伯们好，最近身体都好么，有什么需要帮忙的吗？”任职期间，陈威如往常一样来到五梅垟村的初心公园，与村民们围坐在一起来聊家常。看到他的到来，老人们打开了话匣子。“感谢你给村里办了很多好事，不仅帮助造了文化礼堂，村里像‘蜘蛛网’一样的电线也不见了，环境大变样，我们冬天晒太阳，夏天乘乘凉，散步、聊天，生活在这里都感觉很幸福。”村民们拉着陈威的手，连连说着感谢的话。

回想起刚刚挂职走访的情形，陈威记忆犹新：五梅垟村作为兰巨乡政府所在地，虽然地理环境良好，但村容村貌较差，基础设施老旧，村庄部分道路未安装路灯，规划布局不合理……为此，他主动承担，推动小城镇改造项目落地，积极争取电力改造项目，对强电线路进行改造，迁移老旧电杆，更换老旧表箱，先后完成了村镇环境治理、休闲公园的建设及路灯安装，村容村貌不断得到改善。在供电公司的帮扶和自身努力下，五梅垟村逐步蜕变为美丽乡村的样板村，成为远近闻名的旅游网红村。

“陈书记啊，我家里不知道怎么回事突然没电了，你现在有空吗？能不能过来帮我看一下啊？”仙仁村低保户练书坤打电话给电力网格员陈威。“有空的有空的，练老，您在家里等等，我这就过来。”挂了电话后，陈威查看了一下“电力民情地图”，找到练书坤家的位置，带上工具就出发了。

着眼山区地域宽广、人口密度小、交通相对不便等情况，为解决在供电服务过程中遇到的一些问题，做到根据不同用户不一样的服务需求，陈威主动牵线搭桥，与当地政府合作绘制“电力民情地图”。地图上，客户视角和电力视角的相关信息一目了然，服务村民便人又便己。

据悉，仙仁村红船光明驿站与村里的便民服务中心合署办公，辐射周边两个行政村和 7 个自然村，为 3 500 余名用户提供服务。其中，电力网格员主要为村民代办电力用户新装登记，变更业务办理，政策咨询，资料收集，电量、电费异常查询，协助用户表后故障排查，电表检验，走访服务等多类业务。“我们老人家不会用智能手机，也走不了太远的路，家门口有这个驿站，帮我们代办很多事情，方便很多。”长寿老人练诗然说。

山乡公益的“点灯人”

如今，走进仙仁村，沿坡而建的大片光伏板，在太阳光的照射下如蓝海一般，静谧而闪亮，而这只是陈威为仙仁村规划的“生态 + 绿色”新图景中的一隅之景！

故事又得从 2021 年 10 月说起，陈威积极与省电力营销服务中心对接，为发起"'益'起种太阳"公益活动多方奔走。活动发起后，以"网上国网"APP等用户交互渠道为主阵地，用户通过线上缴存、绿色运动等低碳生产生活行为产生阳光值，按比例转化成公益金，用于建设"浙里阳光公益发电站"。2022年6月，该发电站完成投产。

"光伏发电站一年预计能发电约8.5万千瓦时，收益约3.5万元，我们初步打算用于村里长寿老人的爱心食堂，长远来看，还能用于村庄建设，是一本不折不扣的'阳光存折'。"陈威的手指向了光伏板，眼里泛着光芒。

陈威还主动与结对的兰巨乡光明小学做好对接联系工作，用心用情呵护孩童们健康成长！

他不定期会带领兰巨供电所红船党员服务队队员，给孩子们送上课外书籍、送上学习用品、送上电力安全课等。

工作任务完成后，他也偶尔会留下来陪孩子们吃午饭。"陈叔叔，鸡蛋、牛奶、饭菜，我都吃完了，你看！"孩子们看到陈威的到来，就会争先恐后地展示着自己的"光盘"。

"我们学校总共有96名学生，一半以上是留守儿童，家离学校很远，中午回去就餐不方便，还有很多家里条件不好，供电公司提供的爱心营养餐，能帮助孩子们健康成长。"兰巨乡光明小学校长李秀善说。

同时，陈威还组织实施"千户万灯""e阳光"等公益项目，带领红船党员服务队队员实地走访，收集并申报残疾人、帮扶户名单，为辖区内的弱势群体免费更换室内照明线路。此外，还不定期看望慰问孤寡老人，送去大米、食用油等生活用品。公益项目的推动，为帮扶工作增添了一抹电力色彩。

村子的环境变得美了，村民的腰包鼓起来了，孩子们的笑脸更加灿烂了。从普通员工到驻村帮扶书记，陈威用实际行动为山乡拨捋嬗变的音符。

谱写助力乡村振兴新华章

——丽水市总工会派驻高市乡雄溪村农指员　邹最东

自 2018 年 3 月以来，邹最东受市总工会指派，连续担任了庆元县五大堡乡东山村（现东半村）、庆元县竹口镇平良村、青田县高市乡雄溪村的驻村第一书记。这段时光，对他来说充实而宝贵、美好而难忘。

热爱才有担当

邹最东出身农村，曾经在乡镇工作 10 多年，所以，他对乡村工作有种特殊感情。

要选派第一书记的村，共同点是要么村组织软弱涣散，要么村集体经济薄弱，要么矛盾突出。但邹最东面对困难毫不退却，每次都迎难而上，主动请缨，要到问题多、困难大的村担任驻村第一书记。因为他相信，在决战脱贫攻坚和实施乡村振兴的广阔舞台上，驻村第一书记大有可为。

情真才能融洽

邹最东特别注意与村主要干部处好关系，经常性坦诚地与他们交换意见和看法，有效保护和调动他们的积极性。

凑巧的是，他担任驻村第一书记的三个村，居然遇上村党组织的书记都是刚加入村干部队伍的“新兵”。邹最东和他们亦师亦友。一方面言传身教，手把手地向他们传授工作方式方法，毫无保留地把自己的经验体会与他们分享，很快就帮助他们提升了做好乡村工作的能力水平。东山村的吴祥勇书记，已经从一个办厂的创业者蜕变成为全县的明星村支书，还当选为庆元县人大常委。平良村的刘胜根书记，也从一个种粮大户成长为竹口镇的优秀村干部。特别是平良村的党建工作很快上了新台阶，在 2020 年的防疫抗疫工作中，平良村党总支被评为“菇乡战疫先锋集体”。平良村 2019—2021 年连续三年被评为竹口镇中心工作先进村，受到镇委镇政府表彰奖励。他们都尊称邹最东是“引路人、好老师”。另一方面，邹最东十分关心主要村干部的实际困难，尽心尽力帮助解除他们的后顾之忧。吴祥勇书记的女儿中考后成绩不理想，报考不了中等专业学校的幼教专业，邹最东就四处打听，得知市职高学校也有幼教班，经过积极争取，终于帮助他女儿圆了读幼教的梦。2022 年，刘胜根书记的儿子在金华市职业技术学院汽修专业毕业后，想回丽水就业，虽然邹最东已不担任平良村的第一书记，但邹最东了解情况后，仍然主动帮他联系丽汽集团，安排他儿子在丽汽集团的下属大众 4S 店实习，实习期满表现良好被聘用。真心换真情，邹最东与他们成了好“兄弟”，不仅建立了深厚情谊，更是换来了工作上的全力支持。

在工作会议上介绍雄溪移民共同富裕示范村规划

帮扶推动共富

“谋发展促共富是第一要务。雄溪，必须雄起！”这是邹最东担任雄溪村第一书记以来，与村干部、党员群众交流时说得最多的一句话。两年来，他领办的雄溪村移民共同富裕示范村建设项目进展顺利，雄溪村确实实现了“大变样”——工作变顺了，村庄变美了，人心变齐了。市总工会帮扶团组谋划实施的雄溪村文化礼堂功能提升项目，深受本村乃至周边村民喜爱，群众纷纷称赞市总工会这个项目办得好！功能提升后的雄溪村文化礼堂，已然成为雄溪村民的“文化客厅”，经常性地开展“唱响乡村‘好声音’”为主题等系列文化活动，被县里、乡里称为新农村精神共富工坊。

从东山村中心的河道围栏、平良村的集体厨房、市总工会党员先锋林、老年公寓周边道路硬化、入村公路改造、形象宣传片制作，到雄溪村的村民议事亭，一件件实事的落地办成，既是结对帮扶成果的体现，让群众得到了实实在在的实惠，也进一步树立了党和政府亲民为民的好形象，密切了党群干群关系。

关爱赢得信任

每次到村里邹最东都要到结对帮扶困难户家里走一走，看一看，坐一坐，实地察看灶头、床头有什么，真心真情关爱困难群众吃得好不好、穿得暖不暖，尽力为他们解决实际困难。五年来，市总工会帮扶团组共走访慰问三个结对帮扶村的建档低收入农户 78 户（次），发放慰问金、慰问品共计 6.5 万余元，把党和政府、工会的关心关爱一次次地送到困难群众家里。

金杯银杯，不如群众的口碑；金奖银奖，不如群众的夸奖。在驻村第一书记的岗位上，邹最东已经连续四年获评优秀，并与每个派驻村的党员干部群众结下了深厚情谊。他热爱驻村第一书记的工作，他为自己是一名驻村第一书记而自豪！

青田篇

从置身外到放心中至情共鸣

——丽水市档案馆派驻腊口镇瑶均村农指员　林叶波

林叶波于2022年始担任青田县瑶均村农村工作指导员，当时他新进市档案馆不到半年时间。似有种变动不居的宿命牵引着毕业不到五年的他从乡到县进市再回村，岗位更是七转八换，至农村指导员方将这种辗转的茫然瓦解在纯质的乡情里，消弭在厚重的土地上。

他生于农村长于农村，在缥缈的身体记忆和虚化的意识印记中，除了自然的野趣和盎然的生机，留有印痕的不过是农村乱、农业苦、农民穷。如此的城乡对比很自然地将理想拉扯到彼之远方，客观实在地活在“农”的包围中，“心”和“情”却都笼着隔膜计划逃离“她”。随着了解的深入，理论上，他认识到这是因着乡村在历史的付出中未得到等值的回报，滋萌出同情和责任感，而今再次结缘农村，在第一书记工作的实践中，逐渐对乡村产生了情感认同和情绪共鸣。

置身事外，规矩应对

刚到瑶均村那会儿，林叶波还是预备党员，组织关系留在派出单位，村内的人与事尚不熟悉，最主要的还是带着应付任务的心态从事农指员工作。依循惯例以被推着走的状态参加了几次会议、活动以及开展慰问等规定动作，去认识人、去认识事，熟悉着工作、熟悉着村子，了解那不知是何物的景区项目工程、红绿融合需要和集体增收诉求。草草归整的一篇村情民情调查报告成了唯一的注脚。

憬然有悟，日就月将

党员转正和任命村第一书记的双重身份转变，催促着他深入应对工作要求，开始寻求“瑶均”这一村名如何从古之瑶池美水均流到今之富足共同分享变得名副其实。从每月主题党日组织第一议题学习开始，深入议题文本，结合热点事件进行学习。考虑到村党员年龄结构偏大，理论水平不高，每次就紧贴身边可感可及的内容讲上半个多小时。

他更加主动地参与到村事务中：对低保低边情况走访审查；参与花园乡村创建活动；协助森林防火和防汛防台巡查；代表村里参加二十大知识竞赛；邀请帮扶团组成员多次上专题党课；组织市派农指员青田组到村里调研交流；落实帮扶资金，谋划四年结对 20 万元如何用于强村富民项目，深度参与村庄建设。

作党的二十大精神宣讲

惟微惟精，主动求变

2022 年 10 月 28 日，他组织了市档案馆和瑶均村的联合主题党日活动，上了一堂1个多小时、1万2千余字关于党的二十大报告精神的主题党课，引发了如何将二十大的实质内涵、第一书记的本质要求真正落到实处，看见成果的思考。他开始尝试求变，在微在实在细。

11月15日，上党课的时候，林叶波开始有意识地把自己作为村里的一分子，将理论结合村情民情，融入本村发展规划和远景展望，用更简明流畅的语言进行交流。几个月后，村委门口七八位老人闲聊时，有党员主动向尚不熟识的村民介绍着他“不厌其烦”地念稿子、讲理论。而在会上，蓦然发现已有些许党员能够全程抬着头听“乏味的论述”了。

获得感和幸福感要实实在在。再一次的春节，争取慰问总金额从3 000元提升至5 000元；接续做好村委大楼建设配置工作，尤其是村档案室、阅览室、村史栏的设立；并对接单位妇联向村妇儿驿站、共富工坊捐赠图书资料，开展村庄卫生整治和困难户慰问活动。

组织浙西南红色文化研究会、丽水学院、市党史办等单位十余名红色文化专家调研座谈，为红色底蕴挖掘和招引项目红绿融合发展出谋划策。

“红色文化展示提升”座谈会

瑶均村青山依秀水傍，如何从“均美”走向“共富”，作为第一书记的林叶波还在持续思考、继续践行。幸运的是，他至少还有两年的时间。

青田篇

用心用情用力　助力腊溪村发展共富

——丽水市卫健委派驻腊口镇腊溪村农指员　张朝阳

2022年，张朝阳被组织上选为丽水市第十二批驻村指导员，联系青田县腊口镇腊溪村。

青田县农指员会议结束的当天，他就第一时间到了村里，召开了村党支部会议，对春节前的疫情防控、森林防火、安全稳定、困难群众帮扶等工作作了部署，对村里的项目建设进行调研，并走访入户，开展村情民情调研，充分了解和掌握群众急、难、愁、盼的问题，制定了联系村工作年度计划。

张朝阳的工作也得到单位领导的高度重视和支持。吴郁郁主任对他的驻村工作提出了要求，多次亲自到村里开展服务和调研，并对帮扶资金给予额外的倾斜照顾；单位分管领导多次到村访贫问苦，亲自协调，给村里解决实际困难。有了领导的关心和支持，不仅让他对做好农村工作指导员增强了信心，也为助力腊溪村的发展增添了资源。

不懂政策、不会用政策是影响农村发展的主要原因。张朝阳以共同开展主题党日活动、党建联建等方式，把上级党的重要会议精神及时传达到联系帮扶结对村。市卫健委领导多次带领委机关党员、下属单位医学专家，到腊溪村宣传贯彻党的二十大会议精神、全国“两会”精神和省第十五次党代会等会议精神，深入了解腊溪村集体经济、村民增收、交通出行、医疗卫生、孩子就学等情况，为腊溪村产业和社会事业发展献计献策。

经走访调查，不少群众反映村里癌症发病人数较多，大家心里顾虑很大。一同走访调研的丽水市卫健委王峰副主任知道村民的担心后，高度重视，立即联系市疾控中心，要求组织人员对腊溪村组织开展社区诊断。尽管抗疫工作任务繁重，但疾控中心的专家们依然利用休息日的时间，调集历年来村里病人的资料，逐个进行分析。通过系统的调查，得出村里的实际癌症得病率低于全市的平均水平，属于安全范围，并给村民的健康提出建议。张朝阳及时把社区诊断结果和建议传达给腊溪村广大群众，消除了群众的思想顾虑。结合主题党日活动联合市中医院开展送医下乡，安排部分中医专家到村里为村民进行义诊。医生们认真了解病情，仔细诊查，提出有针对性、切实可行的治疗建议以及营养饮食和用药指导；同时，免费为大家测量血压、血糖。应群众的要求，组织专家送课到村，开展健康宣教，传播健康理念，提高群众对常见病、慢性病的防控、治疗意识，树立大健康意识，自觉养成良好的健康生活方式。

市医疗队为村民义诊

幸福的家庭都是一样的，不幸的家庭各有各的不幸。在全面建成小康社会，一起奔向共同富裕的今天，村里依然有一些困难群体需要党和国家的特殊关照。张朝阳始终把解决困难群众的安危冷暖作为驻村工作的重要任务，多次陪同市卫健委领导分别到村里走访慰问，与村里的困难老党员、困难群众进行亲切交谈，详细了解他们的生活情况、健康状况、家庭情况以及疫情防控情况，并为他们送去了慰问金以及棉被、粮食、食用油等生活必需品，使村民们切身感受到党和政府的关怀和温暖，帮助他们渡过难关。

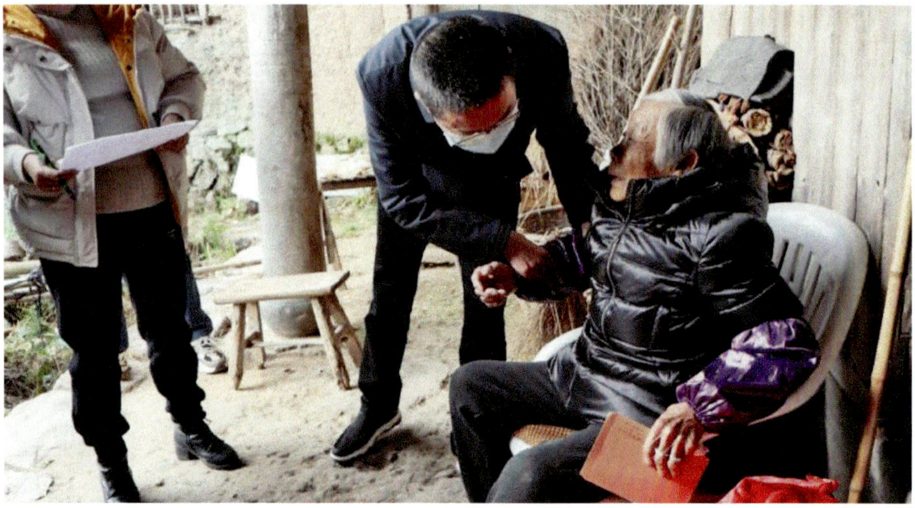

慰问困难群众

腊溪村基础设施建设落后，进村道路狭窄不平，河边道路没有防护栏，容易发生安全事故，为支持腊溪村补上基础设施建设短板、消除安全隐患，市卫健委从有限的工作经费中，按高标准安排帮扶资金 10 万元，将原进村的羊肠小道改建成宽阔大道，极大地方便了群众的出行。

为支持村里完成消薄任务，张朝阳积极协调，由市卫健委带头，并动员下属医疗单位工会一起帮助村里销售杨梅、粉干、稻鱼米等农产品，为村集体经济消薄助力。

青田篇

职业生涯中最美的时光

——丽水市国家安全局派驻海口镇高沙村农指员　徐进

徐进同志是一名警察，自警校毕业后，一直从事侦察保卫工作。但是，在他的心中，最美的时光却是在农村指导员工作中度过。

2004 年徐进响应市委的号召奔赴农村第一线，派驻龙泉市小梅镇骆庄村做一名农村指导员。那时候，骆庄村还是一个贫困落后的村子，基础设施差、产业单一、群众生活困难，他怀着满腔热情和责任感，投入到农村建设中去。

丽水市第一批赴龙泉农村工作指导员合影

在骆庄村工作的一年零三个月里，他与村民同甘共苦，齐心协力，想尽一切办法，努力帮助所驻村解决了一些实际困难。如镇通往村的机耕路崎岖不平，群众生活劳作交通较困难，他积极与当地政府相关部门沟通，经过努力终于得到了交通部门领导的支持，为所驻村解决了拓宽机耕路的资金，为村民交通基础设施建设出了一份力量。又如，当时所驻村还没有通电视线路，既影响群众业余生活，也不利于党和政府的时事政策宣传。在派出单位经费非常拮据的情况下，补助村 5 000 元资金，解决了村民看电视难问题。当年农村指导员工作制度是一年制，在他驻村工作快一年正准备“打道回府”时，却收到要延留三个月的通知，主要任务是配合镇和所驻村“两委”干部做好村新“两委”的改选工作。在这一年多时间里，徐进收获了群众的信任和尊重，在他离开骆庄村时，全村人都送来了真挚的祝福和感谢，他也荣获了龙泉市优秀农村工作指导员称号。

2019 年，徐进同志退居二线岗位后，又主动报名参加农村指导员工作，被派驻到青田县腊口镇龙山头村。按照市、县农指办的要求，着手开始学习省、市农村工作政策和相关文件精神，走村串户开展基础调研、政策宣传和入村相关工作。龙山头村虽然不像骆庄村那样贫穷落后，但也面临着许多发展问题。他根据帮扶组的任务和要求，结合本村的实际情况，积极落实帮扶任务。如每年向所驻村提供帮扶资金 6 万元，为所驻村顺利搬迁文化礼堂和办公场所提供帮助。在前期走访、摸清底数的基础上，每年春节前单位帮扶组负责人带领干警及指导员走访慰问所驻村 10 户困难党员和村民，发放慰问金以及食用油、大米等，及时把帮扶组的温暖送给困难群众。按照中央“精准扶贫”精神和县、镇的任务要求，他负责联系所驻村 4 户低保户，按时走访了解低保户生活、身体情况，及时解决他们遇到的实际困难和问题。

经过两年多的努力，龙山头村的经济收入和社会文明程度都有了一定的提高，村民的生活质量和幸福感也大大增强，如期摘掉了“后进村”帽子，他也因为在龙山头村的工作成绩，连续两年农指员工作考核优秀。

青田篇

2022年，在完成龙山头村任务后，徐进同志又被派驻到青田县海口镇高沙村任第一书记。一年多来，他与村“两委”和全体党员群众共同努力，村容村貌有了很大的改观，村集体经济得到较好的发展，村“两委”干部更加团结和谐，群众生活满意度更高，他本人也荣获优秀农村工作指导员称号。

在青田组农村指导员会议上谈党的二十大精神学习体会

2023年，徐进同志在即将退休之际，因连续三年农指员工作考核优秀，被省厅记三等功一次，这是对他最高的肯定和鼓励，也让他警察职业生涯画上了一个完美的句号。

徐进同志深切感谢党和国家的培养和信任，让他有机会参与乡村振兴的伟大事业，农村指导员制度是一项创新和智慧的举措，它让城乡之间的距离更加拉近，它让基层干部和群众更加团结协作，它让农村生活面貌更加和谐美丽。

用心用情　永做群众贴心人

——丽水市大数据发展管理局派驻祯埠镇兆庄村农指员　朱坚

朱坚同志自任职农村工作指导员以来，在祯埠镇党委、镇政府的坚强领导下，以及市、县农指办和县委组织部的关心指导下，紧紧团结结对村党员干部，努力做好“谋”字文章，务实创新，用心用情，开展了不少重点工作。

在第一次干部见面会上，了解到兆庄村党支部还是后进党支部，当时他就想，作为农村指导员、村第一书记，首先就是要帮助村里建强基层组织，在镇党委、镇政府的关心支持下，他带领兆庄村全体党员共同努力，制订工作计划，抓好政治理论学习、严格落实“三会一课”；组织开展丽水市大数据发展管理局和兆庄村党支部联合主题党日活动，开展党的二十大精神宣传贯彻活动；带头落实好各项任务并发挥专业优势，面向党员干部积极宣传指导“浙里办”APP 和“浙丽通行码”使用，方便村民办事和信息化疫情防控能力。2022 年上半年，成功摘掉了兆庄村后进党支部的帽子。

深入谋划，推进乡村振兴

作为农村工作指导员，就是要做好乡村振兴的带头人。他多次组织村支委、党员干部共同分析讨论：兆庄村的优势在哪里？短板在哪里？如何发展村基础设施，壮大村集体经济，如何实现乡村振兴等。村“两委”统一了思想，达成了共识：一定要充分利用现有的良好优势，创新思想、深入谋划、克服困难，加强基础设施建设，发展集体经济。

兆庄村拥有丰富的养蜂资源，2021 年全村共养蜂 600 多桶，年产蜂蜜 250 千克。如何提高养蜂产量，如何做好销路，他同兆庄村党员干部多次到现场进行了考察，同蜂农共同探讨如何提高养蜂产量，如何做强养蜂产业。2022 年年底，养蜂 800 多桶，年产蜂蜜 350 多千克，为村民增加了不少收入。

指导祯埠镇兆庄村养蜂产业发展

兆庄村有 300 人在智利经商。华侨们积极投身家乡建设和公益事业，2019 年捐助 20 多万元兴建坦后门楼。2020 年、2021 年捐助 78 万元新建兆庄文化礼堂，为家乡建设做出了极大的贡献。

用心用情，永做群众贴心人

兆庄村村民收入以种植蔬菜、竹林笋业、外出务工、经商等为主，其中有竹林 8 000 多亩，有祯埠“竹海”之称。2022 年 5 月，在走访慰问过程中，他听到有些群众说竹笋销路困难，立即向丽水市大数据发展管理局分管领导报告，帮助兆庄村笋农销售笋干，解决了笋农销售难的问题。

往深里走、往实里做，得到群众一致好评。朱坚同志自担任农村指导员以来，带领村“两委”党员对兆庄村困难群众全面摸底，多次召开党员大会和支委会确定困难群众慰问名单，确保公平客观公正，把党的温暖送给最需要的人。两年来，丽水市大数据发展管理局帮扶组先后走访慰问困难家庭 10 多户，给他们送去党和政府的温暖及问候。

丽水市大数据发展管理局副局长朱国群带领帮扶组成员慰问困难群众

青田篇

逐梦乡村　致力共富

——丽水市建设银行派驻季宅乡引坑村农指员　夏茂

夏茂是中国建设银行丽水分行的一名职员。一次偶然的机会，他得知市分行要委派一名干部深入到农村一线，完成决战决胜脱贫攻坚、全面乡村振兴的结对帮扶任务，他一下子感到热血沸腾，“到农村去，那里有更多需要服务的老百姓。”他当时心里暗暗对自己说道。

勤调研　掌握村情民意

他所结对的贫困村是青田县季宅乡引坑村，距离县城 47 千米，每次驱车到村里，来回需要 2 个多小时。刚上岗时，他对村里的产业发展、村集体收入、村基础设施、村民生产生活等情况一概不知，开展工作也是千头万绪无法落实。为快速走近群众，更好地开展脱贫工作，他一有空便往村里跑，和村民、老党员、老干部打成一片，聊家常、聊困难等，通过近半年的走访，对村里的产业发展瓶颈、交通建设状况、村民生活起居、群众急难愁盼等问题已了然于胸。

谋项目　实现强村富民

在引坑村，村集体经营性收入除了县政府飞地项目分红之外，基本没有其他收入。为了村集体增收，他想了很多办法：联系省、市、县建行，批量销售青田农特产品、进口商品等累计达 140 多万元，为村集体增收 20 多万元，助推引坑村 2022 年村集体经济总收入达到 120 万元，创历史新高；在稻鱼米基地边建设管理用房出租给农场使用，每年可以收取租金；向省建行申请专项资金投资入股养牛场扩建项目，每年按 10% 左右收取固定分红；向省建行申请专项资金为村民修建停车场等。不仅如此，为了提高结对乡政府所辖六个行政村的收入，他还承担了分管乡强村公司工作，乡强村公司赚钱，各村可以按比例分红，这样对引坑村来说也是一笔收入。在乡领导的带领下，他积极商谈合适企业，谋划了强村富民产业项目——皇山村瑞乐牧场扩建以及水牛塘村洁水养鱼项目，乡强村公司投资入股后每年可按投资金额的 10% 左右获得固定分红。

促增收　保障弱势群体

在引坑村，截至 2022 年共有 80 多户 150 多人为低收入农户，大部分都是没有劳动能力的孤寡老人或残疾人，仅仅依靠政府给予的低保金维持基本生活。在走访调研中，他发现该村有一个肉兔养殖场，养殖技术和销售都较成熟，于是他灵机一动，“何不利用该农场提升低收入农户的经济

走访农户、帮助解决养殖过程中遇到的困难

收入呢？”养兔技术不难学，由农场负责人提供技术指导，养殖成本也不高，利用剩菜叶、青草用作饲料补充，废旧农房改为养殖场地，兔子养大后由农场统一收购，农户不用担心销售问题，同时也间接扩大了农场养殖规模，对低收入农户和农场都是双赢的利好局面。为了解决低收入户的启动资金问题，他还向省建行申请了部分资金补助给农户，农户领取种兔、兔笼开始养殖，经过测算，农户每年可以增收一万元左右。

修新楼　百姓安居乐业

在引坑村，老年人没有像样的活动场所，农闲时间，几十个老人挤在一间破旧的瓦房内聊往事、拉家常，房内唯一的电器就是一台 40 吋的旧电视机。他看在眼里、痛在心里，在召开村“两委”干部会议时，村干部纷纷表示由于缺少资金，几十年来均没有能力新建一幢老人文化活动中心，这已然成了村民们几十年的梦想。为了解决村民的这个迫切问题，他多次组织村干部讨论解决方案，由村干部负责联系村民征用土地以及按流程申报项目审批，自己负责其中最难的资金筹集工作。经过多次向省、市建行汇报，最终省建行党委会通过，资金问题终于解决了，同时，土地征用与项目审批都已顺利解决。总投资近 100 万元的项目终于建设完成并投入使用。看到眼前的老人们在楼里开展娱乐活动，脸上洋溢着幸福的笑容，他内心也感到无比的自豪。

用实干谱写乡村振兴新篇章

——丽水市审计局派驻船寮镇白岸村农指员　张乐

青田县船寮镇白岸村，因瓯江边的白色河滩而得名，江心之中矗立着一座绿草如茵的松林小岛，这是张乐少年时代对白岸村的美好印记。多年后，张乐从一名审计干部变成了白岸村的第一书记、农村指导员。来到白岸后，他却发现这里多年来因基础设施建设停滞，使得村庄面貌与周边毗邻村庄产生了较大差距，当地村民非常期盼能改善村庄环境面貌。作为一名土生土长的青田人，故乡情结也让他在上任之初给自己定了一个目标：“要坚守初心助力乡村振兴，踏踏实实为村里做些实事，让白岸变成名副其实的美丽乡村”。

用脚步丈量民情，用实干谋划发展。为了更快地转变角色，张乐入村后的第一件事情就是走基层访民情，从基层党建、疫情防控、基础设施、产业建设、民生难题等方面着手调研，与村干部、村贤、驻村干部交流，详细摸清村各项情况，探讨发展之路。主动收集群众诉求，聚焦涉及村民切身利益的大小事，力所能及地解决群众生产生活中的实际困难，挨家挨户走访低保低边户，了解他们致贫原因，为他们送去慰问品和慰问金，让他们能够感受到党的关怀。

党支部是党在社会基层组织中的战斗堡垒，是党联系群众的桥梁和纽带，张乐始终把抓党建、促发展作为乡村振兴的中心工作。坚持通过“三会一课”、主题党日等活动，上党课、讲政策、学党史，凝聚人心，积极鼓励和调动村干部的干事热情。来到白岸的第一次主题党日，张乐为全体党员上了一堂“植根农村　做乡村振兴的带头人”的主题党课，鼓励党员干部要充分发挥好基层党组织战斗堡垒和党员干部的“领头雁”作用，为村庄建设发挥能量。

作为市审计局的派驻干部，张乐始终把组织纪律、廉洁纪律刻在心头，时刻警醒自己，白岸村绝不能出问题。所以第一时间对村集体账目进行梳理，了解经济收支情况，并与村委班子约法三章，要把每一分钱都用得规矩、用得公开、用得有效。

乡村振兴要建立在自身优势基础之上，充分挖掘资源创造价值。为了发展集体经济，促进村集体增收，张乐时常与村干部商议，要因地制宜发展富民产业，开发生态垂钓、观光烧烤等休闲项目，结合白岸村相对成熟的油茶种植，积极盘活闲置土地，鼓励发展油茶产业。同时通过出租码头、堆场、集体土地，投资两山公司等方式，实现村集体收入的大幅增加。为了回应村民对干净整洁村庄环境的期盼，他向派出单位申请了 5 万元整治资金，并向有关部门争取到 160 万元道路硬化整治项目资金，借此推进卫生整治，美化村庄环境。

2021 年，白岸村迎来了百年难遇的历史发展机遇，6 000 亩的青田中关村科创共富产业基地将落地白岸区块，这将为白岸村的建设迎来全新的发展篇章。

为了完成第一期 250 亩征迁任务，张乐与村干部、党员商议，要充分发挥党员先锋模范作用，积极探索党建 + 征迁模式，广泛宣传动员，营造抓项目就是抓发展的浓厚氛围。“要让群众对白岸的未来满怀憧憬”，这是他常常跟征迁队员强调的话，“只要群众心里想通了、平衡了，工作就好做了”。对于征迁中的各种疑问，不厌其烦地解释政策，细致地了解群众的诉求，得到他们的支持与配合，做到一碗水端平，不让积极配合的群众受委屈。

最终，在全体村干部、党员的共同努力下，一期征迁仅用时 35 天，签约土地 350 亩，完成率达 140%。

在征迁现场协调工作

展望白岸未来，这里将建成集工业制造、二次创业、物流港口、商业消费于一体的现代化制造业平台，张乐庆幸自己的付出和汗水将会凝聚成白岸未来发展的一块砖石。

青田篇

从征地工作到乡村发展

——丽水市气象局派驻腊口镇石帆村农指员　张明敏

张明敏在 2022 年 1 月被丽水市气象局委派至青田县腊口镇石帆村挂职农村工作指导员。由于是第一次担任这项工作，他一开始心里很没有底，不知道工作应该从何做起，内心忐忑不安。然而，他很快就发现，作为一个农村指导员，他需要的不仅仅是专业知识，更需要的是耐心、细心、责任心和对农村的热爱。

刚到村里报到，张明敏就听说最近村“两委”因为征地的事情忙得不可开交。由于之前在气象局参加自动站建设工作的时候，他也接触过征地土地租赁政策处理等方面的工作，于是他毛遂自荐，主动申请加入征地工作小组，迅速投入到基层工作中。工作的第一步是与村民建立联系，拉近彼此之间的距离，建立信任感。通过与征收地村民们面对面聊天、谈心、唠家常等方式方法，张明敏很快就与村民建立了良好的关系。坟墓搬迁是征收推进过程中的一大难题，乌坦山工程需搬迁坟墓 700 余座，涉及农户 500 多户，是一块难啃的“大骨头”。平时在村里利用空余时间，他会经常去翻阅关于土地征收的政策，只有自己理解、吃透了征迁的政策，才能更有效地和村民们沟通，也不会出现村民提出的问题自己无法回答、无法解决的情况。通过一次次的上门沟通，向村民们解释政策的疑难问题。经过几个月的不懈努力，乌坦山一期 A 区块项目现在已经完成土地征收工作和坟墓迁移的“清零”。

征地工作十分辛苦，每天一早，就往各家各户赶。但是每天的收获都是满满的，张明敏不仅学会了如何与人沟通、如何处理矛盾，还学会了如

征地工作任务艰巨，约好征地户村民前往山上划线丈量

何宣讲政策、如何处理复杂的情况。这些经验和技能将会成为他今后工作中的宝贵财富。

除了征地工作，张明敏还发现了一些问题。农村的基础设施建设存在着一定的不足，道路狭窄、交通不便、电力供应不稳定等问题，给村民们的生产生活带来了不便。此外，农村的文化教育事业也需要进一步提高。为了解决这些问题，他平时也会积极与村“两委”进行沟通，想办法去争取更多的政策支持和资金投入，为农村的发展提供更好的支持和保障。

从入村之初，村里困难群众的生活保障问题就成了悬在他心中的一块石头。时时走访慰问困难群众，了解他们致贫原因，把每个困难户的情况一一摸清摸透并详细记录到工作笔记中。在这两年的农村指导员工作中，时不时地翻看并和村“两委”一起商讨有针对性的脱贫政策，逐一落实帮扶计划，成为他常态性的重点工作。

到困难群众家中走访慰问

在青田县，农村发展的问题不仅仅是土地问题，还包括农村经济、农村文化、农村教育等多个方面。青田县政府非常重视农村的发展，近年来，投入了大量的资金和人力资源来推动农村的发展。作为一名农村指导员，张明敏也积极参与到农村的发展中去，为农村的发展建言献策，贡献自己的力量。

在工作中，张明敏深深地感受到了农村的美好。农村的自然环境优美，人民的生活也充满了乡土气息。在未来的工作中，他定会更加努力，不断学习和提高自己的能力，让农村更加美好，为青田县的发展做出更大的贡献。

念好产业致富经　走稳乡村振兴路

——丽水市人民政府办公室派驻三溪口街道白浦村农指员　郑军伟

郑军伟出生在农村，成长在农村，工作的相当一部分时间也在农村，对农村和农民有着发自内心的感情。2023 年 1 月，他作为市府办挂职驻村的农村指导员，带着对这份工作的热爱，带着对乡土农村的深情，带着对乡村振兴的期待，满怀信心地来到了青田县三溪口街道白浦村这片热土。

现代农业助推杨梅成为“增收致富树”

白浦村种植杨梅始于 20 世纪 80 年代，到如今，全村种植面积已达 11 550 亩，大棚杨梅种植面积占青田县总面积的 80% 以上，并且在 2019 年被列入全国“一村一品”示范村名单，是名副其实的杨梅大村。过去，杨梅种植户露天种植杨梅，只能“靠天吃饭”，如今，大棚杨梅种植技术得到推广，杨梅产业插上了现代农业的翅膀，亩均收益超过 8 万元。据白浦村杨梅种植大户季东青介绍，“杨梅大棚装了智能控制系统，即使不在山上，也能在手机上看到大棚内部实时温度和湿度，通过 APP 一键操作大棚开合。而且装配了智能补光设备，可以根据大棚内的温度、湿度、光照强弱等，自动进行补光。”现代化科技种植让大棚杨梅可以提早十几天上市，大棚杨梅个头大，口感风味不同于一般杨梅，单价往往在一斤 100 元以上，杨梅种植户亩产值可达 8 万元以上。郑军伟看到大棚杨梅发展的良好优势，和村“两委”干部经过讨论分析，一致认为应该帮助更多村民进行大棚杨梅种植，做大大棚杨梅产业规模，吸引更多客商前来收购。

产业链延伸加快谱写“四季致富经”

近年来，白浦村紧紧抓住精品花园乡村创建契机，做强“山水文章”，加快“两山”转换。杨梅采摘期只有一个多月，如何跳出采摘期局限，让村民四季均有收入，是当前白浦村村干部们正在研究的课题。以杨梅产业为核心，扩大杨梅种植面积，提高科学管理水平，做长做深杨梅加工产业链。实现“杨梅”正是当前拓宽杨梅产业发展的良好路径。为补足村民只赚“一季钱”的短板，白浦村“两委”组织党员种植大户，率先探索尝试通过设施栽培、不同熟期品种配套、海拔梯度开发等技术措施，使杨梅采摘期从 5 月下旬一直延续到 7 月中旬，全程长达 55 天以上。此外，白浦村“两委”干部还组织村民利用侨乡农产品精深加工仓储园区冷库场地，提高保鲜和包装技术，让产品远销至美国、意大利、西班牙等国家，让身处海外的侨胞也能第一时间品尝到来自家乡的味道。为帮助村民把杨梅种得更好，产业做得更大，郑军伟联系邀请丽水市水果专家周晓音研究员定

“杨梅节”活动及火热的杨梅交易现场

期到村进行杨梅种植管护及深加工指导，和村民共同研究谋划杨梅酒、杨梅汁、杨梅果脯等产业延伸，帮助村民更好利用杨梅产业基础优势实现多渠道增收。

农文旅融合帮助村民走上“七彩共富路”

2023年刚过立春，白浦村内就十分热闹，在六都源岸边60亩农田上，数辆耕种机正在翻耕土地，正在为种植花海做着准备工作。花海种植只是白浦村杨梅农旅综合体项目加速推进的小缩影。为了加快“两山”转换，三溪口街道按照产业兴旺、生态宜居、乡风文明、治理有效、生活富裕的乡村振兴战略总要求，开始在山水资源利用开发上下功夫，谋划白浦村杨梅农旅综合体项目。一方面，大刀阔斧整治村庄环境。2023年下半年，村内通过陆续开展房屋外立面改造和强弱电线路入地，景观节点打造，不仅让村庄外貌整洁有序，还让纵横交织的“空中蜘蛛网”彻底消失，扮靓了全村，整体“颜值”得到再美化再提升。另一方面，引进运营公司加快农旅融合。三溪口街道引进浙江辉煌通用航空公司，以杨梅产业为核心，农旅综合服务区、溪山拓展体验区、山居康养体验区和山林科普休闲区为四大特色板块，导入生态农业、休闲旅游、水上航空等产业，营造动静结合的户外休闲基地，打造“全国第三个、全浙江唯一”水上机场。据悉，白浦村杨梅农旅综合体项目是浙江辉煌通用航空公司在全国布局的第十四个点位，在项目正式运行后，该公司将整合资源，重组上市，助推农旅产业走出青田，融入全国大市场。预计该项目投入运营后，可以吸引县外游客近10万人次，直接带动周边旅游业发展，还可直接提供就业岗位200个，带动个体经营创业100户以上。村民可以通过流转土地获得租金和分红，村集体除了获取场地租金，还可获得项目净利润分红。走在越走越宽的乡村振兴致富路上，郑军伟和白浦村的乡亲们都信心满满。

云和篇

一抔乡土“三件事” 助力畲寨“红绿”振兴

——丽水市人力资源和社会保障局派驻安溪畲族乡下武村农指员 陈央伟

2022年4月，梨花刚谢，春意还浓。踏上云和县安溪畲族乡这片熟悉的土地，丽水市人力社保局下派干部陈央伟不由心生感慨：身为云和人，这次到安溪畲族乡下武村任农村指导员、村第一书记，能为家乡的父老乡亲做些什么？怎样做？她感受到肩上沉甸甸的担子和责任。

第一件事：用乡音凝聚“红”色力量

“我是云和人，是市里派到村里帮助工作的，以后我也是下武村人了”。每到一户，陈央伟都不忘用云和话介绍自己。下武三个老村，201户587人，其中常住人口260人。三个月时间，她几乎跑遍了下武的三个自然村的每一户，和一些村民交上了朋友。亲切的笑容、相同的语言、熟悉的家常，村民们一下子就和这位来自市里的挂职干部没有了距离。陈央伟还印制了农村指导员工作名片，并郑重告诉大家：有事找她！

“日头艳艳照畲乡，感谢共产亲爷娘。东风吹倒苦怜树，山哈幸福万年长”，陈央伟高度重视基层党建和民族团结工作，到村不久就组织村民参加丽水市人力社保局“七一”建党晚会。从节目的编排到歌词修改，她亲力亲为，自己当起了“导演”和“编剧”，蹲点云和，用方言一遍遍组织排练，《畲歌献礼》节目成了“七一”晚会当晚最靓丽的颜色。

每月15日晚是下武村固定的主题党日，身为村第一书记，陈央伟坚持参加到场，通过上党课，参与村“两委”议事决策，用家乡话宣讲党的农村政策和下武村的红色文化，让村民熟悉本村历史，增强归属感和自豪感，营造下武村浓厚的党建氛围，凝聚“红色”力量。

给村民送上指导员工作名片

第二件事:“爱心帮扶”助力“绿色”共富

到下武村后，陈央伟马上着手熟悉村情村况，并了解存在的困难及需求。村支书蓝陈高曾提到，雷金旺是村里的种粮大产，希望到时候能帮忙给米找销路。

陈央伟时刻惦记着“稻米之约”，收获季节到了，她马上跑市里联系了几家农业公司，同时将情况向市局领导做了汇报。局领导一直高度重视结对帮扶工作，最后举系统之力动员人力社保局职工买米。除此之外，她还向亲朋好友宣传推销村里的大米等农产品。2022 年金旺家的米高于市场价提前一次性售完，真正实现了“爱心助农”。

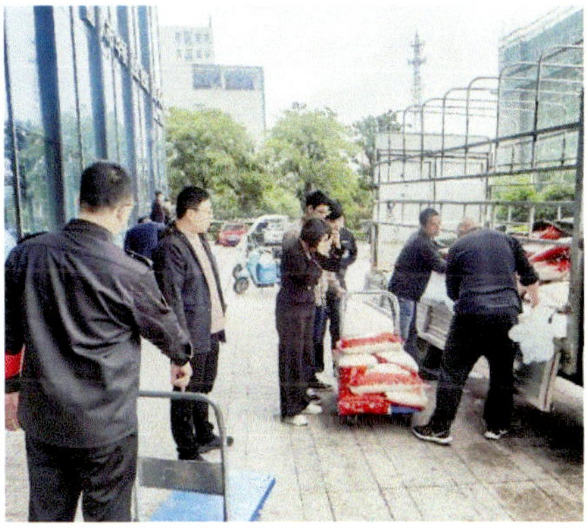

送米到市人力社保局

黄家地的高山西瓜在云和本地小有名气，品质好，价格也相对高，而黄家地地处偏远，西瓜运输不便。陈央伟联系了本单位机关党委和下武村党支部开展“走亲连心、助力共富”党建联建活动，发动党员购买高山西瓜。此外，她还将自己的指导员工作经费用于瓜农种西瓜补助等，助力村民致富和促进村集体经济发展。

第三件事：谋“一条路”促“红绿”振兴融合

“红＋绿＋畲”融合发展是近年来安溪畲族乡党委政府结合本地实际确定的工作思路和定位，而下武村是安溪三个行政村中红绿畲要素最齐全的村。但下武村“红绿畲”元素融合也存在交通制约瓶颈。三个老村中，黄家地、严山地处偏远，和老下武距离 40 多千米，车程 1 个小时。

“要想富、先修路”。陈央伟到下武后首先关注到了这个问题，她通过调研，了解到下武到黄家地有一条老路，直线距离 5.5 千米，路打通后从下武到黄家地开车只要十几分钟，大约需要 500 万元资金。

陈央伟将情况和想法向乡党委书记和市人力社保局领导做了汇报，召集村“两委”专题研究，多次跑到县农业农村局和有关部门反映情况和争取政策。经积极争取，该项目被列入 2022 年度市级优质待扶持项目，争取到资金5万元用作项目设计补助。在陈央伟的大力呼吁下，村“两委”把通村项目作为村发展重要事项首次列入议事日程。2022年下武村完成了项目的初步设计。

“5万元对修路是杯水车薪，还有很多工作要做，需要大家共同努力”陈书记坚定地说：“但能为家乡尽绵薄之力，在岗一日，为‘村’官一任，必将竭尽所能，为之不断努力！”。

云和篇

乡村旅游助振兴　坚守初心为人民

——丽水市人大常委会办公室派驻赤石乡赤石村农指员　石磊

石磊从公安岗位走向赤石村，用自己为人民服务的初心、在基层实干的诚心丈量了赤石村的土地，为云和县赤石村人民画了一幅乡村振兴的美丽画卷。

旅游助力，共创美丽赤石

在农旅融合的工作思路指导下，石磊积极依托当地旅游资源，探索乡村旅游的建设路径，开拓赤石村浪漫婚纱摄影线项目，工程预算 100 万元，浪漫婚纱摄影线项目为往来的游客提供了更多的观光选择，助力乡村旅游模式拓展。在此基础上，积极招商引资，联合温州宏联实业建设云曼瑞锦度假大酒店，总投资 3.5 亿元人民币，为乡村旅游发展提供基础设施保障，提升赤石村旅游品质。截至 2022 年年底，村集体经济收入 84 万元，其中经营性收入 58 万元，集体经济收入增长部分基本得益于云曼酒店开业。

考察云曼康养度假区规划

得益于美丽乡村的持续建设和乡村旅游的科学发展助力，大量民间资本主动投资赤石村建设，云栖木屋民宿租金、水库水面承包款、强村公司分红等项目使 2022 年赤石村村集体经营性收入达 58 万元。在他与赤石村村民的共同努力下，赤石村入选 2022 年丽水市精品花园乡村一等奖，美丽赤石的乡村旅游建设掀开了新篇章。

基建改善，建设幸福乡村

为进一步改善赤石村村容村貌，打造宜居宜业型美丽乡村，建设人民安乐型幸福赤石村，在与村“两委”协商后，推动赤石村微改造精提升项目开展，深入开展赤石村环境综合整治工作，工程预算 70 万元，深耕以玫瑰文化、玫瑰产业为核心的乡村建设，培育精品农家乐民宿，提升美丽乡村建设品质，优化空间布局与建设风貌；积极推动赤石村南山湖通景道路硬化项目开展，以基础设施建设改善当地交通条件，为赤石村南山湖自然村村民日常出行提供便利，助力当地旅游民宿的消费市场拓展。通过乡村环境的持续改善和基础设施建设的持续优化，提升了赤石村乡村旅游品质，增强了村庄发展后劲，推动以乡村旅游为依托的赤石村可持续发展的振兴之路。

此外，总投资 400 万元的赤石村村委办公楼建设项目也在有序推进，该项目占地面积 350 平方米，建筑面积 1 225 平方米，已于 2022 年 9 月完工，目前正在加紧装修及配套设施建设，预计每年将为村集体增加 10 万～15 万元收入。

初心坚守，踏实服务人民

赤石村是浙西南革命老区村，在红色精神指引下，赤石村“两委”巧妙地将党建的红色元素融入村容村貌整治中，在打造优质乡村旅游品牌的同时，坚守党建阵地，弘扬红色基因，村内设有“红船精神”“红色印记”

等多处摄影小品点位，在改善村容村貌的同时，坚持中国特色社会主义道路自信、理论自信、制度自信、文化自信，增添政治底色，将红色文化融入美丽乡村建设的点点滴滴。

2022年“4·26”新冠肺炎疫情期间，石磊和赤石村“两委”干部第一时间开展疫情防控工作，带领基层党员发挥先锋模范作用，迅速组成核酸检测志愿队伍，积极投身抗疫工作，及时应对赤石村核酸检测人员数量多且人员构成复杂难题，务于实干、勇于担当、主动作为，历时10天10夜完成七轮核酸检测近4 000人次，以毅然站在前线的担当向组织交出一份基层防疫的满意答卷。

在赤石村红色基因的引领下，与赤石村“两委”继承并弘扬党的光荣传统和优良作风，发扬云和木玩企业优势，整合乡贤资源，依托相关政策建设，为留守老人、低收入农户开放了来料加工中心，通过低强度手工劳动为这部分低收入群体提供了自食其力的可行路径，形成了免费工作餐、积分奖励、志愿服务等激励政策，让村民在家门口就能实现就业增收，通过结合资源公平配置和激励机制的方式，融合短期脱困与长期发展增强留守老人及低收入农户的获得感、成就感、幸福感，助力村强民富、景美人和的共富家园建设。

在石磊带领下，赤石村充分发挥玫瑰花乡的旅游资源优势，多元支持乡村旅游振兴项目开展，努力构建村级集体经济“消薄”防滑长效机制，推动乡村集体经济长久、健康、可持续增长，注重发挥本地资源优势，探索出了适合赤石村的农旅融合发展之路。

第一书记必须坚守为民初心

——丽水市司法局派驻石塘镇联合村农指员　王剑芳

农村指导员工作对于王剑芳来说已不再陌生，从 2019 年到 2023 年，从庆元县淤上乡坑口村“转战”到云和县石塘镇联合村，已经是王剑芳担任指导员的第五个年头了。她始终坚守为民初心，在推进乡村振兴的岗位上，发挥好第一书记作用，脚踏实地、默默耕耘，解难题办实事，赢得了广大村民的信任与尊重。

坚守为民初心，就是带强队伍

“自从王书记来了以后，我们支部的主题党日‘大变样’。”党员对组织活动的认可让王剑芳感觉所有的工作都是值得的。到任之初，她就深刻意识到，村民富不富，关键看支部。作为市派指导员，王剑芳严格落实“三会一课”，坚持开展每月党员主题日活动，持续做好各类组织生活，带头组织“建党百年红色之旅”“同心聚力助共富·党员点亮微心愿”等主题党日活动。她积极组织参加党员先锋林、垃圾分类等党员志愿服务活动，又邀请村党员到莲都区参观浙西南革命纪念馆、丽水市博物馆等，重走红军路、观看红色微电影、老党员讲过去的故事等系列活动，大大丰富了农村党员的精神生活。

四年里共主持各类党员会议 20 余次，组织结对单位、村联合主题党日活动 6 次，结对单位领导到村上党课 5 次，走访慰问党员干部 30 余人次。

坚守为民初心，就是走近群众

“家里几口人啊？孙女上幼儿园了吗？”“阿婆，你今年 85 了，还养这么多鸡和鸭啊……”王剑芳爱笑，脸也是圆圆的，温暖的笑脸最能拉近与群众的距离了，和大家在一起的时候就少了一份生疏感。派驻之前，单位领导就教导过：利民之事，不在乎大小，关键要办到群众心坎上，她对此深信不疑。在脱贫攻坚工作中，王剑芳为贫困户买种子、采购农产品，做好“两不愁三保障”，满足群众所需，让群众在细微处感受到温暖。在“强国复兴有我　我为群众办实事”系列实践活动中，她们给 60 岁以上老人过集体生日、给留守老人拍全家福，让优秀律师解答村民的法律咨询，开展“青年挺进师”宣讲等活动，切实推动了“我为群众办实事”往深里走、往实里做，得到了群众一致好评。

四年里，先后走访慰问了失独、大病、残疾等困难家庭 40 多户，结对单位党员认领困难群众微心愿 80 余个，发放慰问金 2.5 万元，发放油、米、被子等慰问品 120 余份。

坚守为民初心，就是解决难题

作为驻村指导员，就是要着眼民生，解难题办实事，让村级经济强起来、广大村民的腰包鼓起来，切实解决基层的困难事、群众的烦心事。王剑芳走访低收入农户，笔记本上记着他们的基本情况、存在困难和如何脱贫增收的思考，调研后配合乡镇党政班子、村“两委”根据结对村的地理位置、自然环境和产业现状及实际村情，制订项目计划方案，村集体经济每年实现 10% 以上的增长。“这可能也是一种缘分吧”，她面对刚刚封顶的联合村办公大楼笑着说，“市司法局结对的两个村原来都没有村级公共服务场所，都是在市司法局的帮扶下才建起来的”。从土地性质的变更，到设计图纸的确定，到施工过程的监督，她都一一参加，并提出自己的意见和建议，把项目当作村级发展的一个新跨越来重点抓。目前坑口村新办公楼全面竣工并乔迁入驻办公，联合村的办公大楼也正准备装修。

开展低收入农户走访

四年里，结对单位共拨付帮扶资金 23 万元，为村成功争取各级财政补助 60 万元，同时争取河堤修复、主道路改造等项目 4 个。

民之所忧，我之所思，民之所想，我之所行。王剑芳怀孕的时候，恰逢脱贫攻坚年，肚子大的离谱，村民看见她来，都会把家里最大最舒适的椅子搬出来给她坐，还会煮上热乎乎的糯玉米和甜番薯。王剑芳也会用她自己的实际行动践行市派农村指导员的使命与担当，用她自己的热情与坚守诠释为民服务的初心与情怀。

云和篇

水上蛟龙进非遗　文旅融合助发展

——丽水市文化和广电旅游体育局派驻浮云街道局村村农指员　赖仙龙

2022 年，赖仙龙从丽水市文化和广电旅游体育局派驻到云和县浮云街道局村村担任农村工作指导员，帮助村里做好党建和扶贫工作。局村村位于云和县域东北口，地处浮云溪与龙泉溪汇合处东岸，这里依山傍水，风景秀丽，自古以来就是瓯江边上的一个重要码头。

据《刘氏族谱》记载，云和局村村建于康熙年间，旧时商贾云集，热闹非凡。每年都会有舞龙灯祈求来年风调雨顺、水上平安的习俗，其中最盛名的是瓯江蛟龙。据《云和县志》记载，“十三日上灯夜，六坊居民截竹为龙，周巡城隔 ...”主要在元宵节、端午节等传统节日迎龙灯，以请回“龙母”降服火神，恩赐世人，风调雨顺、国泰民安，习俗一直延续至今。

蛟龙表演

瓯江蛟龙融合了瓯江船帮文化与板龙文化。制作不但讲究龙形，更强调龙的精气，工序十分考究，主要以竹子扎制龙头、龙身、龙尾造型，糊以棉皮纸或丝绸，再彩绘或贴制龙鳞、云钩图案，龙身为灯，以半月弧形为龙肚，卧于船上，以红、黄、橙为主色，色彩大气喜庆。其中尤以龙头造型称绝，龙头高可达 2.6 米，形象威猛。经过祭祀、神祭、进入瓯江，一条长约 280 米、有 70～100 多节的瓯江蛟龙横空出水、蜿蜒而动，在传承人的精准操控下，如同神龙出水，在湖面上时而盘旋、时而一字前行，荡起层层波纹，可以摆出圆形、S 形、8 字形等 6 种阵式，场面壮观，极具地域特色。

瓯江水上蛟龙节地域特色鲜明，综合了民间艺术，保留了民间剪纸、绘画、书法、扎制编糊等传统技艺的原生形态，糅合了民间吹打、舞蹈等艺术形式，并通过水上的道具、动作等表现方式，进一步拓展了艺术表现手法，表现出人们对美的想象力和创造力，具有较高的审美价值和艺术欣赏价值。

由于村里对蛟龙文化挖掘比较欠缺，赖仙龙和浮云街道文化员一起从建立档案开始，开展对老一辈瓯江水上蛟龙传承人的挖掘，进行口述史调查，收集有关资料，初步建立瓯江水上蛟龙节档案。在村里每月一次的党员会议上建议建立保护机构。成立了瓯江水上蛟龙节保护领导小组，主要负责开展组织瓯江水上蛟龙节及技术培训，组织参加运动赛事及相关活动等，并制定相关保护措施，建立了更加完备的传承人传承管理制度。同时开展培养传承人的培训工作。瓯江水上蛟龙节主要由群体传承，龙灯制作技艺主要通过师带徒传承。局村村每年举办龙灯制作培训班，组织传承人指导传承。

2022 年，举办“二月二”局村村蛟龙非遗文化节，给村集体带来经营性收入 20 万元。为此，赖仙龙建议定期举办一年一度的蛟龙节，街道也非常重视这个建议，决定在每年的丰收节和端午节，举办瓯江水上蛟龙节民俗活动。拍摄制作瓯江水上蛟龙节视频，对外宣传推广。2022 年在相关部门的推荐下，中央 4 台对蛟龙节进行了现场直播 ，极大地提升了水上蛟龙的知名度。

赖仙龙结合丽水市文化和广电旅游体育局对外宣传的优势，一方面把蛟龙文化融入景区旅游宣传资料统一对外宣传，另一方面针对在局村村的云和湖湖水两岸保留着瓯江最原始的自然风貌、水天一色、山影明秀、烟波浩渺的原生态景色，在举办摄影节等活动中大力推广。把瓯江水上蛟龙表演作为景区传统节日的常态化表演，瓯江水上蛟龙节融入云和湖景区的重大活动，给云和湖景区增添了旅游文化内涵。

瓯江水上蛟龙深度融合当地的文化旅游，激活了景区民间文化活动，每年的端午节、七月初七、春节、元宵、重阳等传统节日，当地都举行“水上蛟龙”文化活动。场面壮观，地域特色鲜明的瓯江水上蛟龙节吸引了大量的游客前来观赏，2023 年五一节期间游客爆满，局村村文化广场餐桌出现一桌难求现象，餐饮承包公司经营收入达到 20 余万元。

“水上蛟龙”文化活动不仅给村里带来可观的经济收益，也促进了局村村庄路口两侧美化提升，推动了当地文化旅游发展，促进局村人走向共同富裕。

扎根朱村　用心服务

——丽水市经济和信息化局派驻石塘镇朱村村农指员　谢志勤

云和县石塘镇朱村是一个依山傍水、风景秀丽的村庄，村里有历史悠久的茶产业，并建有特色茶街、茶园、茶叶加工与销售基地。作为丽水市经济和信息化局派驻云和县石塘镇朱村的农村指导员，从驻村的第一天起，如何能够发挥自身优势，为朱村发展作出自己的努力，就成为谢志勤沉甸甸的责任。

到村的第一天谢志勤便组织召开座谈会了解村里情况。会上，大家畅所欲言，“朱村村盛产茶叶，风景优美，资源条件好，但是村集体经济的消薄任务还是很重。”交流中，村“两委”干部无奈地说道。如何让村里的产品有销路成了谢志勤想解决的第一个问题。他努力挖掘销售渠道，发挥

调研农户茶叶生产

自己交际广泛的优势，把村内加工户零散的农产品资源整合集中起来销售，既满足了客户多产品的需求，又解决了农民的销路问题，还为村集体增加了经济收入。

春天来到的时候随着气温逐渐升高，石塘镇朱村的万亩茶树正吐出新芽。谢志勤和村支部书记叶春东商议近期工作，“这么好的茶叶，上周末我对接了市里几家银行还有学校，把我们朱村茶叶好好推销了一下，一方面推广我们茶香朱村，另一方面作为订单农业可以减轻我们的消薄压力”。驻村两年来，他帮助村里销售茶叶、雪梨等农产品总计超过 5 万元。

作为农村指导员，谢志勤很明白要做好农村工作，首先就是要与群众建立信任和感情。他认为做农村工作没有捷径，走门串户，走到群众身边，走进群众心里，工作起来就如鱼得水了。

2022 年 6 月，丽水市经济和信息化局联合朱村党员一同开展党员活动，号召全村开展村庄垃圾清理、洁净家庭活动，助力美丽乡村建设。2022 年七一期间，谢志勤组织村 38 名党员前往青田县革命历史纪念馆参观考察学习，接受革命精神洗礼。过年过节期间也不忘慰问村内留守老人与困难群众。通过潜移默化的实际行动，谢志勤赢得了基层干部的支持与尊重。

因为有了群众的支持，谢志勤的工作开展得非常顺利。在 G235 国道项目土地征收和房屋征收、拆除阶段，村内有矛盾与阻力，他多次组织召开村干部会研究制定措施，想方设法在资金上予以协调、人才上予以支持；多次对辖区农户入户走访，开展政策宣传，疏导思想，化解矛盾。同时在村里启动安置区项目建设、村委楼改造、张川机耕路硬化、张川沿溪长廊、埠头粮站区块政策处理，启动茶产业共富综合楼等项目中，积极发挥自己的作用。同时，谢志勤积极谋划 2023—2025 美丽乡村建设项目，上报争取两山一类政策资金支持，为未来的发展积蓄后劲。

农村超市检查消防安全设备

驻村以来，他充分发挥自身优势，努力为朱村找准致富法子、蹚出发展路子。同时，在农村广袤土地上，谢志勤也收获了个人成长，连续四年考核优秀。面对朱村未来的发展，谢志勤深感重任在肩。未来他将继续强化党建引领，带领朱村在建强村党组织、推进强村富民、为民办事服务等方面工作中谋深谋实，积极帮助村集体增收，早日将朱村建成具有集茶韵风情、观光娱乐体验为一体的农文旅融合特色村，将村庄发展融入云和县小县大城高质量跨越式发展蓝图之中。

云和篇

爱心奉献扎根群众　助力崇头脱贫致富

——丽水市公交公司派驻崇头镇崇头村农指员　李达

“从这里看过去是我们开辟的新科技农田，大家跟我走，不要踏坏设备。”李达是市派云和县崇头镇崇头村的农村工作指导员，正在介绍未来的崇头村全面推进科技农田普及化……

要想农村发展好，科学指导很重要

李达通过考察发现，在农村主要经济来源就是农田，但目前我国的农

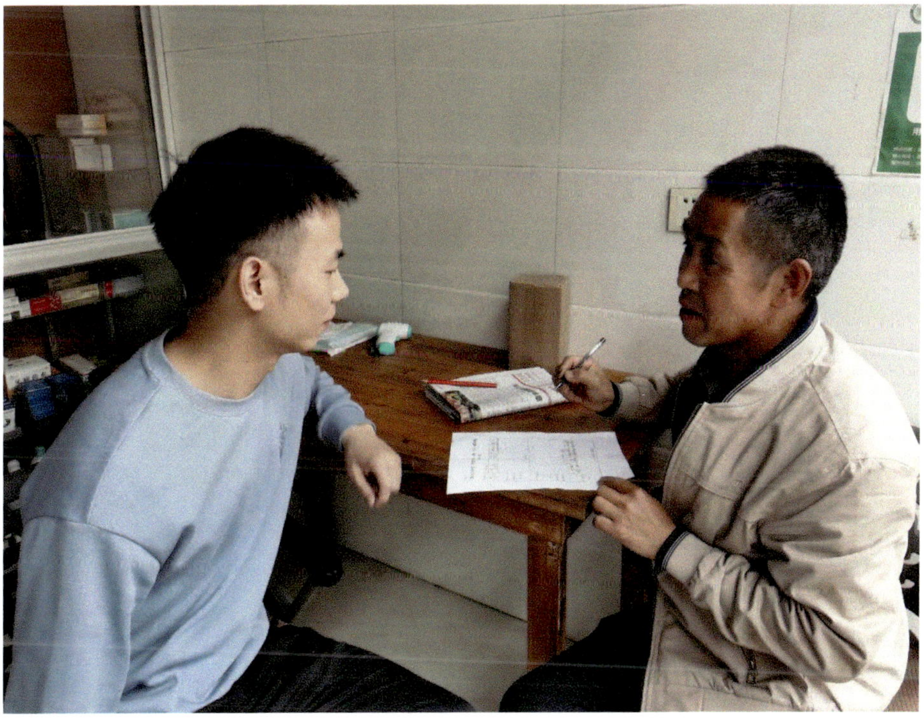

入户走访

业现代化相对滞后，农业基础薄弱，机械化程度低。为解决这一问题，他积极在农村中应用现代科技知识，将科技与实际相结合，在传统农业的基础上运用生物技术、信息技术等现代农业高新技术，积极发展新式现代农业。李达和村民们一起下地，手把手教会他们使用新科技，针对不同地质请教地质专家及时研究解决方案，遇到村民们不懂的问题或不能解决的难题，他都会耐心指导他们。

为民办事不怕难，办好小事是真理

在农村有很多因为少年时期家庭问题或学历不达标导致一直无法就业的人，为解决这一难题，李达鼓励他们了解自身的特长和潜力，联系各地的人才机构和人才交流中心并举办专场招聘会。在专场招聘会上，他时刻

举办专场招聘会

关注他们的就业情况，当有人退缩或者害怕时，当有人对就业方面出现困惑时，为他们细心解答。他说自己有义务为他们做好后勤保障，他们信任他，依赖他，他便有责任为他们解决难题。在专场招聘会结束后，对于没有得到工作的人，他鼓励他们不气馁，细心为他们查找原因。

办好农村事、实现乡村兴，关键在党建引领

在丽水公交交通集团有限公司与崇头镇签订党建联盟，增强了党建联盟成员的凝聚力和战斗力，把党建工作目标落实到各项工作中。让交通更加方便快捷，让农村与城市接轨，更使得崇头镇各地的公共交通系统得到完善，交通的便捷程度极大地提高了农村的发展速度，也使崇头村步入了脱贫致富的快车道。

组织签订党建联盟

用真情绘就山水相依畲乡画卷

——丽水市全域旅游发展中心派驻雾溪乡坪垟岗村农指员　周永红

自 2022 年 1 月以来，周永红以一名农村指导员的身份，走在雾溪乡坪垟岗村的乡间小路、田间地头，开启了用脚步丈量民情、用实干赢得民心的征程。

提升村容村貌　建设美丽乡村

在一次走村入户时，周永红发现村内部分文化墙内容不丰富。就主动对接相关部门争取资金，到 2022 年年底，一幅幅彩色的墙绘作品在村内呈现，成为装点美丽乡村的一道亮丽风景线，营造了和谐清新的农村文化氛围。同时她还积极参加村里的环境卫生整治、垃圾分类党员责任区认领等活动，指

组织全体党员开展环境卫生整治

导蓝岗、雷岗两个自然村开展村容村貌修复提升工作和坛门佛儿岩景区北入口的 3A 级旅游公厕改造升级工程，在兼顾村庄原始风貌的同时改善宜居环境。

因势利导　抢抓机遇发展产业

坪垟岗村地处二级饮用水源保护区，村民的生产生活发展受到了很大限制，单一的以茶叶种植为主要产业，增收渠道很窄。2022 年，正值全县开始实施《云和雪梨产业创新集成发展三年行动计划（2022—2024）》，这正是坪垟岗村产业发展的好机遇。周永红与乡、村干部多次共同实地走访调研，邀请雪梨种植专家进行评估，与村民开展座谈会讨论和征集意见，最终决定将雪梨产业发展成为新的致富门路。通过入户走访、专家宣讲等多种形式宣传，争取到党员和群众的支持，充分发挥广大党员干部的先锋模范作用，带领村民对村内的一百多亩板栗林进行改造，项目得以顺利落地。与安溪通过党建联建，探索建立了“两村共发展—助力乡村振兴机

召开会议进行座谈研究雪梨产业发展

制”，为村民提供技术上的服务保障。雪梨产业发展带动流转了村内大量的闲置土地资源，进一步盘活村民资产，40 余名村民实现了家门口的再就业。通过项目的实施，总结出建设生态保护和产业发展共融之路，才能助推乡村高质量发展，实现共同富裕。

共富路上　一个也不能少

为了尽快了解村情、排摸民情，周永红走遍了全村农户。“进家门、察实情、学畲语、听民生”，不断深入地与村民打交道，了解村民做什么、想什么、盼什么。并在走访党员、村民代表、致富能手和低收入农户的过程中，梳理坪垟岗村的村情要素。走访到村民雷爱英家时，了解到其家庭困难，儿子身患残疾，是村里的低边户，周永红马上联系相关部门对其实施产业帮扶，落实短、平、快的家禽圈养项目。在察看村民蓝云青种植香菇的情况时，发现可能存在电线安全隐患问题，她及时提醒他既要发家致富更要保障人身安全。组织单位党支部与村党支部开展联合主题党日活动，2022 年以来认领微心愿 20 个，慰问困难党员群众 18 户，落实结对帮扶资金 14 万元。

云和篇

坚守驻村初心　助力畲村发展

——丽水市职业高级中学派驻元和街道山脚村农指员　周治勇

2022年9月，周治勇来到云和县元和街道山脚村担任农村工作指导员，能不能做好这全新的工作？能不能胜任这全新的岗位？带着诸多不安和疑惑。初来乍到，在当地元和街道党委、街道办事处的领导下，在村“两委”的支持和配合下，主要做了以下几个方面工作。

一、加强学习，努力提升自身农村指导员工作业务能力

接手农村工作指导员工作以来，周治勇认真学习马克思列宁主义、毛泽东思想、邓小平理论、“三个代表”重要思想、科学发展观、习近平新时代中国特色社会主义思想，以及有关农村指导员工作制度和文件。坚决贯彻党的路线、方针、政策，认真学习农村政策、规章制度，提高自己的理论水平，提升自己的素质和综合能力，让自己很快进入角色，受到当地农民群众的欢迎。

二、深入调研，尽快熟悉村情民意，掌握村里各项工作动态

农村工作千头万绪，矛盾纠纷错综复杂，村干部能力有强有弱，村民素质良莠不齐，想做好农村工作确实很难。为了使自己尽快了解村里情况，进入角色，周治勇利用每次进村的机会，一方面，通过参加村“两委”会议，协调村“两委”的关系，并对每位村干部进行了具体分工，明确了大家的工作方向，提高了村“两委”战斗堡垒作用。另一方面，他克服了各种困难，马不停蹄地走门串户，听民声、知民意、解民忧，积极开展村情民意调查。为了尽快打开工作局面，周治勇经常与村民拉家常、交

朋友，听群众说真话、讲实话，甚至是气话、恼话。很快，村里的情况在他心中一清二楚。

开展村情民意调查工作

摸清村情民意后，周治勇理出工作思路，提出了以“云和雪梨兴村、云和玩具强村”的发展思路。一边利用自身坐落在县城边缘多山多地的天然地理优势，种植云和雪梨，利用好云和雪梨这张品牌优势，让云和雪梨由“梨中珍品”变成山脚村的“致富金果”。另一边利用好云和的主导产业木制玩具加工产业，充分发挥留村农民的富余劳动力做好来料加工产业，成为村民致富秘诀之一。

三、贴近民生，努力为村民办实事办好事

周治勇接任山脚村农村工作指导员后，不遗余力地带领村民进行基础建设、整治村容村貌，全面开展新农村建设。该村集体经济相当薄弱，只有通过土地出租、光伏发电项目等实现年集体经济收入 15 万元左右，周治勇于 2022 年底利用农村指导员政策，积极协调学校，为村集体争取到 5 万

元的结对村帮扶款。利用山脚村便利的交通以及周边良好的生态环境，结合当地的畲乡文化、红色文化，鼓励有条件的村民发展农家乐，2022 年到 2023 年初村里就发展了两家农家乐。利用自己学校职业教育的专业资源优势，带领学校烹饪专业老师到村里为农家乐经营户进行烹饪技术培训，同时为广大感兴趣的村民举办中式烹饪、中式面点、茶艺技术文化培训活动。

农家乐经营户烹饪技术培训

周治勇了解到村里还有一小部分家庭属于低保户或者低保边缘户，家庭条件较差。为帮助困难群众解决生活困难，进一步提升人民群众的获得感和幸福感，2023 年春节前夕，学校党总支书记、校长亲自带领学校工会副主席，在街道领导以及村书记的陪同下，实地入户慰问 5 户困难群众，并为他们发放慰问金共计 5 000 元。帮助解决这些群众的临时困难，并让他们过上安乐祥和的新春佳节。

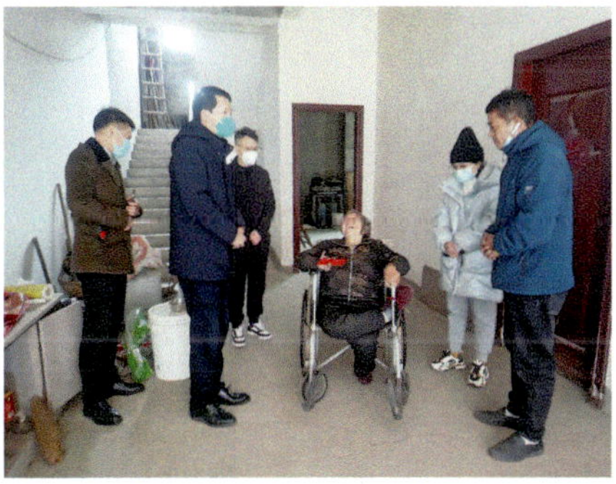

走访慰问困难群众

察民情　惠民生　助民富

——丽水市交通运输局派驻黄田镇下济村农指员　单秀新

下济多山，坡陡曲折，村民受困交通，经济发展缓慢，多年来，村民翘首期望改变落后跻身“共富”。2022 年元旦刚过，市交通运输局农村工作指导员单秀新带着“心系群众做善人，铺桥修路行善事，服务社会施善政”价值理念，走上了下济村第一书记的岗位。

走基层察民情

诗曰：“好雨知时节，当春乃发生。随风潜入夜，润物细无声。”单秀新常年在一线工作，有丰富的基层和群众工作经验。他认为，只有知道村民需要什么，才能按需帮扶，雪中送炭。他担任下济村第一书记后第一件

组织村民观看纪录片　慰问困难群众

事，就是走基层、察民情，从基层党建、集体经济、产业建设、民生难题、基础设施、区位优势、乡贤分布以及宗族关系等各方面进行深入了解，为下步工作顺利开展奠定坚实基础。

惠民生解难题

悠悠万事，民生为先。下济村位于黄田镇南部，虽东接竹口镇，但地理位置特殊，竹口的客运车不会绕行到下济村，三济片的客运车也直接走柏渡口，沿中济上行，所以下济村虽然道路宽敞，却一直没有客运班车经过，村民到县城要么赶往上头的中济等车，要么赶到下头的竹口等车，对老人和在县城读书的孩子来说，非常不方便。民有所盼，政有所为。调整优化公交线路，及时开通下济至县城客运班车，解决村民出行不便刻不容缓。单秀新立足岗位职能，发挥人脉优势，通过与庆元县交通运输局、县交通发展中心及相关运输企业进行有效沟通、协调，2022 年 6 月 27 日庆元县濛洲汽车运输有限公司对途经该区域的客运班车进行优化调整，采取固定班次和特殊需求电话预约相结合的模式，增设经下济村的客运班车。优化后的客运班车线路相较以前车程缩短 10 余千米，节省出行时间近 20 分钟。

客运班车开通仪式

见村民栉风沐雨候车多有不便，单秀新又把解决村民候车难问题作为扮靓农村公路沿线风景的一项惠民实事来抓，积极争取上级资金支持筹建便民候车廊亭，在市县交通运输局领导大力支持下，黄田镇及乡贤们的助力下，候车廊亭顺利得建，村民候车再无风刮雨侵之苦，并成议事、决事、评事休闲之场所。

“单书记，谢谢你帮我们下济村通了班车，以前我这么大年纪要到二三公里地方等车真不方便。现在好了，车子停在家门口，每星期我都要到县城转转，看个病买点东西方便多了。”80 岁余村老书记赖仙荣紧拉单秀新的手不停地说着。

勇作为助民富

单秀新一直把发挥交通运输系统优势，抓住“四好”农村路建设、共同富裕路创建政策窗口期，赋能下济村振兴，把实现集体增收群众致富当作自己的首要任务。这一年多来，庆景青公路（规划国道）庆元交溪口至照田圩段改建工程可行性研究报告通过审查，第二届闽浙边区域发展研讨会暨交通服务共同富裕大会顺利召开，《丽水市全域城乡公交一体化规划（2021—2035）》评审会原则同意下济线路规划为服务香菇小镇、下济特色村、莲湖村景区的支线，庆元县打造“三色”交通美丽富裕路入选省交通运输厅公布的首批交通服务共同富裕试点名单，一件件实事落地，一项项工作见效，无不凝结着丽水市交通运输局帮扶组及单秀新书记的心血和不懈努力。此外，单秀新书记还谋划领办下济村抛荒复种项目，投资 30 余万元，完成下济村 211.4 亩抛荒地复耕复种，新开机耕路 17 条合计总长度达 5 055 米，实现粮食增产约 10 万千克。每月对“消薄”任务进行分解落实，通过灰树花基地租金收入、灰树花（干品）出售等方式，较好完成 2022 年度村集体“消薄”任务，其中村集体收入 66.6 万元，比上年增长 84%；经营性收入 28.3 万元，比上年增长 21 %。

庆元篇

奋进新时代 助力共富路

——丽水市统计局派驻淤上乡淤上村农指员 杨平飞

2022年，丽水市选派第十二批农村工作指导员（村第一书记），市统计局杨平飞响应组织号召，选择了丽水最偏远的庆元县，进驻该县淤上乡淤上村。

深入调研摸清村情民情

没有调查就没有发言权。杨平飞利用擅于搞统计调查的优势，与村干部一道，深入开展调查研究，迅速摸清村情民情。

一是区位相对优势。淤上村，位于安溪河畔，G528国道边缘，距离县城16千米，距离火车站约5千米，处在规划的义龙庆高速庆元西互通附近，交通便利。

二是人口相对集聚。辖淤上、车下、甘公坑、店后山等4个自然村。共559户1 239人。常住人口626人，低保28户54人，低边16户31人，特困1人。全村吴、叶为大姓。未成年人占17.7%，60岁及以上老年人占27.0%。

三是产业基础相对较好。该村是典型的农业村，全村共有水田1 259亩、旱地122亩、林地6 079亩。村民主要收入来源于种植业及养殖业，外出务工是村民的重要经济来源之一。

四是民风正家风淳。是“浙图旧址”所在地，有着“耕读传家”的传统，在良好家风影响下，从这个村里走出了一代又一代的读书人。

通过调查研究，分析发展优势劣势，提出发展意见建议，统一了干部思想，增强了干部抓发展的信心和决心。

坚守一线投身抗洪救灾

2022 年 6 月 18 日，特大暴雨突然袭击庆元，全县紧急启动防汛应急Ⅰ级响应。面对险情，杨平飞组织全村党员干部及时落实停止户外集体活动、停课、停工、停业、停运“五停”工作要求，24 小时值班值守，密切监视天气变化和河道实时水位变化情况，紧急转移危险地区人员 40 多人，确保了村民安全。但特大暴雨引发的巨大洪水还是给淤上村造成了重大损失。据初步统计，共损毁防洪河道堤坝两处 300 多米，堰坝两座，200 多亩农田被淹，600 多亩农田断水，生产生活用水中断，通村公路塌方阻断，经济损失上千万元。灾情发生后，杨平飞积极组织广大党员干部和灾民一道开展生产自救，力争早日恢复正常生产生活秩序。

察看水毁工程

凝心聚力缩小共富差距

杨平飞按照缩小地区差距、城乡差距、收入差距这一共同富裕目标要求，真抓实干，勇当乡村振兴排头兵。一是强党建抓引领。深入开展了市、县统计部门和乡、村四级党建共建活动，利用“浙图旧址”红色资源开展党员学习教育。市统计局领导多次专题研究结对帮扶工作，多次到结对村调研指导，主要领导专门做了专题党课报告，党群关系更加密切。二是争统筹谋借力。宣传党员干部增强大局意识，争取跨村、跨乡统筹，纳入乡、县重点发展区域。全面提升交通、水利、饮用水等基础设施水平。完善提升村庄建设规划，改善村容村貌，建设舒适宜居宜业的美丽乡村。谋划通过芸洲集体经济发展有限公司入股分红、县强村公司分红、村委会大楼出租、光伏发电等各种方式不断提高集体经济收入，市统计局也给予资金扶持。三是开展帮扶困难群众活动。走访关心了解低收入群众生产生活情况。春节、七一等重大节日开展低收入群众和困难党员慰问，以及微心愿等活动，把党的关心和温暖送到群众心里。四是做好统计基层基础工作的指导。结合本职工作做好统计业务的指导，宣传统计法律法规，为实现共同富裕提供统计支撑。

通过各方努力，在各级政府的支持下，淤上村低碳产业园、光伏助农等消薄项目相继落地；学校道路提升、防洪堤建设、非粮化整治等项目顺利实施。村党组织建设不断加强，基层治理逐步规范，社会稳定和谐，村集体经济迈上新台阶。2022 年实现集体经济收入 47.4 万元，其中经营性收入 16.2 万元。还清了历年欠债，摘掉了欠债村的帽子。

用心·用情·用力　将帮扶落在实处

——丽水职业技术学院派驻荷地镇荷地村农指员　张欣伟

“大爷，这段时间天气干燥，去山上农田干活不要用火，家里用火也要注意安全。”这是丽水职业技术学院派驻荷地镇荷地村农村工作指导员、驻村第一书记张欣伟晚饭过后的日常工作，拿着告知书与电子喇叭，走街串巷宣传防火知识。自 2022 年 1 月驻村以来，张欣伟同志十分珍惜、重视农村工作指导员机会，紧紧围绕荷地镇“两带三区四中心五重点”发展规划做好“三农”工作。

用心做实党建联建

以党建为引领，切实做好帮扶工作，这是张欣伟的初衷。一方面在驻村期间，他积极组织多元化主题党日活动，增花添彩营造了“波斯菊”党建花园，让农村党员“火”起来。另一方面，张欣伟同志主张以党建引领乡村振兴，积极联系丽水职业技术学院同荷地镇签订党建联建协议，组建专家咨询委员会，构建“两进两回乡村振兴工作站”，在此基础上，通过与庆元县委组织部充分沟通交流，张欣伟联系学校同庆元县人民政府签订了校地战略合作框架协议，落户大学生实习实践基地，搭建科技助农助推乡村振兴平台，形成高校支持地方经济社会发展、地方助推高校产学研落地的共赢模式。

“乡镇发展经济，要靠乡贤，抓乡贤首先要从流动党员入手。”荷地镇在丽流动党员较多，张欣伟同志第一时间同镇党委研讨决定成立荷地镇驻丽流动人员临时党支部，同学校、社区三方签订党建联建协议，紧密联系党员，在校设立“绿谷红驿”常态化开展联合主题党日活动，充分挖掘乡贤资源。

校社镇浙西南革命纪念馆联合主题党日活动

用情做细技术帮扶

自担任农村工作指导员以来，张欣伟同志牢记帮扶使命，充分发挥地方高校优势，协助庆元职业教育发展，目前已成功申报省级中高职一体化教师教学创新团队（食用菌）。他积极组织专家团队到镇开展现代农民培训、产业调研，为农户申报绿色食品认证、有机产品认证、镇农产品区域公共品牌、共富工坊建设提供了强有力支撑。荷地镇干部大会提到“我们要多元化、多层次推动浙西南亚高原运动基地建设”，张欣伟第一时间组建大学生团队，到镇开展艺术写生、暑期实践活动、无人机航拍等，完成荷地村无人机正射影像高清航拍图、荷地镇产业现状调研图、浙西南亚高原运动基地服务辐射区域规划图，创立了农产品品牌“荷田邃蔬”。通过一系列技术帮扶，填补了荷地镇在研学方面的空白。

组织专家到镇开展林下经济技术指导

庆元“6·18”特大暴雨致使企业受灾严重，张欣伟及时联系丽水职业技术学院，仅用一天时间召集机电专业3名教师20名学生前往浙江吉安木业有限公司，10天时间驻厂协助清理、抢修近百台设备，挽回重大经济损失。

用力做强产业帮扶

“输血重要，造血更重要。”打铁还需自身硬，张欣伟主动引进浙香银针、旱优73号、玖两优佳辐占等新品种水稻，种植面积60余亩，打造高山大米示范性基地，目前新品种水稻亩产350～600千克，售价每千克7.5～10元不等，农户效益直接提高了3万～5万元，极大提高了农户种粮的积极性。他同荷地镇荷地村委积极对接黑莓种植产业，目前在荷地村已累计种植30余亩，投资30余万元，黑莓种植产业年均增加村集体收入可达 5 万余元，其衍生产业黑莓酵素厂房将相继落户荷地镇，形成完整的产业链，带动当地乡村振兴。

干一行爱一行，农村工作指导员这份职责让张欣伟明白了民族要复兴，乡村必振兴。他热爱并忠于这份职责，所以不遗余力走遍荷地镇每个村，调查产业现状，走访农户、慰问低收入群体，积极为农户解决问题。

产业兴农　科技强农　村集体源头有活水

——丽水市科技局派驻淤上乡石坝村农指员　吴彦勋

如何消除集体经济薄弱村、壮大村集体产业发展，是丽水市科技局派驻到庆元县淤上乡石坝村的农村工作指导员吴彦勋一直思考并着手解决的问题。吴彦勋围绕农村工作指导员六项职责，立足科技创新工作职能，坚持产业兴农、科技强农，积极争取科技产业项目落地，助推村特色产业发展，确保村集体经济增收有源头活水，这是吴彦勋作为首次担任农村指导员，给出如何消除集体经济薄弱村、壮大村集体产业发展的答案。

察村情话发展，认真谋好村集体发展产业

到村后，吴彦勋在村书记带领下走村入户，第一时间了解村情民意、产业发展情况。淤上乡是庆元县粮食主要产地，拥有庆元最后一块上千亩的平整地，素有"庆元粮仓"之称。石坝村土地平整，田地连片，以香菇、蔬菜、稻谷和甜橘柚等方面农业产业为主，村民基本在家务农和到屏都工业园区务工。石坝村是庆元县唯一种植鲜草菇的村。全村甜橘柚种植面积达 180 亩。虽然石坝村物阜民丰，但村集体经济收入每年仅有 10 万元上下，极大制约村集体民生事业发展。"柳书记，我们单位的帮扶资金每年也有限，帮扶一年也就是一年，我们想想谋划点村集体产业项目吧，确保以后每年能够稳定增加村集体收入的"。在充分了解村农业产业发展后，吴彦勋开始认真与村"两委"一同谋划村集体产业发展项目。

组织调研考察

抓产业促增收，全力争取产业化项目落地

在了解村里产业发展后，吴彦勋积极领办村集体产业化项目。在近几年庆元县特色甜橘柚价格连年攀高，了解村集体有意发展甜橘柚产业情况后，他向丽水市农林科学研究院专家了解甜橘柚产业发展现状，围绕发挥科技示范带动作用，成功争取在石坝村实施精品柑橘的引进栽培与示范项目，安排项目经费 30 万元，引进精品柑橘品种 1～2 个；建设设施大棚精品柑橘基地 2 000 平方米；建设精品柑橘基地 10 亩。同时，结合石坝村是全县唯一草菇种植村，谋划建设菇光互补示范基地，研究设施化栽培草菇工艺，在草菇房屋顶安装太阳能光伏，提升食用菌栽培综合效益。两个产

业化项目建成实施后可每年固定增加村集体收入 15 万元。

与村干部一同研究项目落地建设方案

办实事解民忧，时刻关心村务民情

在任指导员以后，吴彦勋的心里时时刻刻关心村里情况，在 6・18 洪灾来临时，与村书记柳恒谦时常保持联系，关注村里受灾情况。在了解到村里还有 8 户低保户、5 户低保边缘户，主动与 3 户建立结对关系，时常走访关心结对户生活情况，逢年过节组织到村慰问走访，为困难户送上节日的问候。得知村里推进“非粮化”改造，需要推广种植优良水稻品种时，主动联系市农科院提供甬优 9 号、中浙优 8 号等优良水稻品种向农户推广。关心村休闲长廊、停车场及公厕等民生项目实施情况，协作与庆元县政府部门做好对接，落实专项补助经费 48 万元。

庆元篇

把驻村当责任　将帮扶作使命

——丽水市生态林业发展中心派驻百山祖镇兰泥村农指员　陈小荣

2022 年 1 月，钱江源—百山祖国家公园庆元保护中心副主任陈小荣，担任庆元县百山祖镇兰泥村驻村指导员并兼任村第一书记。他下沉一线，帮助村“两委”理思路、抓发展、办实事、促和谐，积极探索符合兰泥特色的乡村振兴之路，尽心尽力履行好第一书记职责。

走基层，掌握村情民意

庆元县百山祖镇兰泥村海拔 1 068 米，距离庆元县城 45 千米，通往村里的道路弯多路窄，每次驱车来回需要三个多小时。兰泥村位于国家公园范围内，村内留存有侏罗纪时期亿年硅化石，周边环境仍保持原始森林风貌，极具观赏性。开展驻村指导员工作期间，在工作之余，他一有空就往村里跑，和村干部及村民聊家常、聊困难等。通过一年多的调研走访，陈小荣对村里的产业发展状况、村民生活起居、群众急难愁盼等问题了然于胸，与村民的关系也非常的亲近融洽。

抓党建，强化使命担当

作为驻村指导员，协助抓好党建工作是关键。2022 年兰泥村发展吸收预备党员 1 名，另有 2 名优秀青年向组织提交入党申请书，其中 1 名已列为入党积极分子考察培养。进一步完善村级规章制度，严格落实村党支部“三会一课”制度和党员考评制度，提升党支部规范化建设水平。坚持参加村务活动及各项会议，带头发扬民主，进一步提升兰泥村的民主决策与管理水平。

走访慰问困难群众

化急难，关爱弱势群体

兰泥村共有农户266户637人，常住人口仅有108人，大部分都是低收入农户和没有劳动能力的孤寡老人。在驻村工作期间，陈小荣主动关心困难群众生产生活，开展“我为群众办实事”主题党日活动，先后走访慰问了低收入农户18户，并为他们送去了生活物资和慰问金。在2022年庆元“6·18”特大暴雨防汛期间，陈小荣全力协助兰泥村的防汛抗灾工作，在大家的共同努力下，兰泥村未发生重大灾情及人员伤亡事故。协助设立兰泥村慈善基金，并带头捐款，目前已收到社会各界及爱心人士捐赠50余万元，资金及储蓄产生的利息主要用于敬老、奖学助学、帮困等，进一步促进兰泥村的慈善事业发展。

谋发展，实现强村富民

作为驻村指导员，陈小荣着眼民生，解难题办实事。根据兰泥村的地理位置、自然环境和产业现状，结合实际情况，采取多项举措推动村集体经济发展，提高村民幸福指数。一是加强村容村貌整治提升。通过硅化木遗迹保护项目，向百山祖国家公园争取300余万元的项目资金，开展进村大门、停车场、环境整治等建设，村庄环境面貌得到进一步改善。二是积极开展对兰泥村1.44亿年的硅化木的研究，前后分别邀请了浙江省第七地质大队、浙江省地质调查研究院、中国地质大学、中国地质调查局等地质专家进行实地考察，编制《兰泥村“硅化木科普＋康养名村”概念性方案》(初稿)，为兰泥村的保护与发展提供指导意见。进一步提高兰泥村的影响力，丰富村民的精神文化生活。三是促进村级特色产业发展。锥栗作为兰泥村最大的特色产业，在各级领导的关心支持下已初具规模，但仍存在产量较低、人工费用较高、机械化程度低等问题，为了促进村级产业和经济发展，更好地帮助村民增收，陈小荣多次邀请林业专家到村开展锥栗管理等技术指导，并实施林业共富项目300余亩的锥栗改造提升。协助完成2022年水稻种植300余亩，种植四季豆30余亩，其中开挖种植荒废农田140余亩，全面完成百山祖镇下达的耕种任务。

倾心尽力推进官塘乡村振兴

——丽水市农业农村局派驻官塘乡官塘村农指员　廖小丽

2022年，市派农指员换届，廖小丽自荐报名到偏远农村官塘村。作为扎根农村领域20余载的工作者，她深知大山深处乡亲们对乡村发展的渴望，希望尽自己最大的努力，带领乡亲致富，助力乡村振兴。

修农林创业路，让乡村振兴路“通”起来

初到官塘村，一些村民对她的驻村工作表示怀疑。有人说，“一个城里来的女干部白白净净的，肯定又怕热又怕晒，还要长途驱车，能不能长期待着……”她暗下决心，一定要多做实事改变乡亲们的想法。

官塘村平均海拔1 040米，有“庆元高原”之称。她了解到，村民迫切希望改造官塘村至蛟塘农林产业道路建设。由于道路一直未硬化，极大影响村民对山林耕地的管理，是村民心中的长痛，她便把修缮道路作为第一件实事。一方面，她带领村“两委”与当地财政、农业农村部门对接；另一方面积极向上申请资金，最终争取到扶持资金51万元。道路完工后，直接带动100余人生产增收，信任之花慢慢在乡亲们心中萌芽。

发展特色产业，让乡村振兴路“亮”起来

授人以鱼不如授人以渔。要想村庄长远发展，仅靠扶持显然不够，定要增强村民自身“造血”能力方行。官塘村户籍人口918人，常住人口仅89人，党员20人，其中外出党员10人，年老党员5人。面对火车头力量薄弱，住村人口少等难题，她陷入深思、困扰不已。最终她悟到“独特的高山冷凉气候和生态环境优势”正是老天赐予的宝贵条件，老党员虽

年迈，但对村庄底情了解详尽；外出党员，也是传经送宝、传递信息的渠道。这些都将成为官塘村发展的法宝。

凡事预则立，不预则废。她发挥自身优势，整合各方资源，在调研、论证、考察基础上，与村“两委”商议发展中药材特色产业。期间又先后多次邀请农业领域相关专家现场为产业发展把脉号诊。

邀请农业专家现场为村民作种植技术讲解

同时，她马不停蹄对接浙江碧丰农业开发公司，论证方案的可行性，最终确定水稻新品种与百合粮药循环轮作试验示范项目。这一项目采用水稻新品种华浙优 210，缩短生育期 10～15 天，水稻收割后茬口刚好轮作百合，不但有效解决抛荒复耕等“非粮化”问题，而且直接增加亩产效益，让科技为乡村振兴插上翅膀，让村民们有了实实在在的获得感。在运营模式上，引入了浙江碧丰农业开发公司这一企业，采取“公司＋基地＋农户”的运营模式，实现统一种源供应、生产销售，彻底解除村民的担忧。目前，水稻百合轮作方式正不断推广，正在结出累累硕果。

奋斗实干暖民心，让乡村振兴路“宽”起来

巾帼致富、文明乡风与乡村振兴发展密不可分，驻村期间，细心的她便注意到官塘村年轻人大都外出务工，留守儿童和妇女众多。为此，她积极谋划，联合融媒体中心开展“点亮微心愿·关爱青少年”活动，组织党员干部到江滨小学走访慰问，给 14 名小学生送去文具、图书等慰问品；带领村“两委”联合县融媒体中心走访慰问特大暴雨受灾党员和群众，送去春风细雨般的关怀。

同时她联系市妇联，引进“中国结”来料加工，实现“家门口致富”。反复对接协调杭州畅享农业生态有限公司等单位，全力帮助解决 1 000 千克高山红米滞销问题。此外，她十分注重基层党建工作，每月组织党会，开展交流探讨，共商村内重要事项，通过电话、微信等方式听取在外党员意见，共同为官塘村的发展献计献策。积极为村集体争取到扶持资金 20 万元、示范村优秀消薄项目资金 10 万元。

雨露润无声，点滴暖人心。一件件的小事，一点点的关怀，慢慢地拉近了她与村民们的距离。每当提起廖小丽，乡亲们就不由地竖起大拇指。

庆元篇

为美丽乡村建设添彩增绿

——庆元县供销社派驻松源街道薰山下村农指员　沈绍波

沈绍波是庆元县供销社派驻庆元县松源街道薰山下村的农村工作指导员。从 2020 年 7 月担任农村工作指导员以来，他在做好与结对村帮扶工作的同时，就庆元县松源街道薰山下村创建 3A 景区、花园村庄工作走遍全村。走访中发现了该村存在的一些环境脏、乱、差问题，如不加以整治将影响景区创建。沈绍波结合供销社和松源街道薰山下村实际，注重发挥在思想宣传、环境整治、添彩增绿等方面的作用，加快推进薰山下村创建 3A 景区及花园村庄工作。

积极宣传，为美丽乡村建设助力

通过走访，看到薰山下村环境“三多”“三乱”现象比较明显，“三多”：即放养的鸡鸭狗多、路上鸡粪鸭粪多、河道垃圾多；“三乱”：即柴火乱堆放、烟头乱扔、垃圾乱倒。这乱象与创建 3A 景区、花园村庄要求格格不入。

要改变群众传统放养家禽、家畜，柴火乱堆放，烟头、垃圾随意扔的习惯，首先要从思想上使他们认识到这些旧习惯对群众身心健康的影响，其次要党员干部带头进行整改。沈绍波同志利用主题党日活动为党员上党课、上门走访群众等形式宣传美丽乡村建设、环境整治的重要性，希望党员要带头宣传并自觉作好不文明行为的整治，比如带头不放养鸡鸭狗、不乱堆放柴火杂物、不乱扔烟头、不乱倒垃圾。门前屋后多种果树和花草，做好家庭及周边环境卫生。对不文明现象要及时提醒、劝阻，同时还要做到邻里互助，党员之间要相互监督，共同提高，为薰山下村创建 3A 景区、花园村庄发挥全体党员群众的智慧和力量。

参与整治，为美丽乡村建设加分

为积极配合薰山下村创建 3A 景区、花园村庄工作，沈绍波同志多次组织供销社党委下属 3 个支部党员与薰山下村党员、群众一起对薰山下村进村道路、村里的主要道路、河道垃圾、水沟等进行环境整治，清理道路两边柴火杂物、陈年垃圾、路边杂草、河道垃圾、水沟垃圾等，通过多次整治使村庄环境得到了较大的改善，群众放养家禽、家畜、柴火杂物乱堆放、垃圾乱扔的现象少了。进村的道路宽敞了，村里的路面干净了，党员群众文明意识、健康意识进一步增强。

参加村环境整治

筹措资金，为美丽乡村建设添彩

从2020年起，沈绍波每年都筹措一定的资金用于薰山下村创建3A景区、花园村庄工作经费，已累计筹措资金17 000元，先后为薰山下村购买梨、桃、樱花等树苗120余株；四季豆、豇豆、玉米等种子1 000余份；优质有机肥1 000千克。由供销社和薰山村下党员、群众共同种下梨、桃、樱花等树苗，栽种后及时与村干部察看树苗长势情况，并多次邀请农业专家到现场把脉树苗生长情况，根据专家建议对缺少肥料的梨、桃、樱花等进行除草、施肥、治病，确保所种的梨、桃等树苗种得活、长得好、有收成、可观赏。

开展送种子等春耕支农服务活动

缙云篇

用心用情促发展　建设“竹魅鱼川”

——丽水市水利局派驻新建镇鱼川村农指员　王欢

丽水市水利局的王欢2022年回到她最熟悉的家乡——缙云县新建镇鱼川村担任农村工作指导员并兼任村第一书记。

鱼川村位于新建镇西北15千米，该村有两大优势，即两个“一”：竹林资源丰富，全县唯一一个拥有万亩竹海的村庄；历史悠久，有一千年文脉，从北宋时期建村，至今保存着缙云最后一个进士树萱公的故居、高仰斋书院、文昌庙等遗迹。上任之初，她就扑下身、沉下心，给自己定了一个目标，要坚守初心助力乡村振兴，与村委领导班子紧密配合，踏踏实实为村里为家乡做些实事，为强村富民贡献一份力量。

坚持党建引领，夯实党建基础

市水利局党支部与村党支部开展七一联合共建活动

为充分发挥党建引领作用，她利用优化党群服务点、上党课和派出单位党支部与村党支部共同开展主题党日活动等资源，以点带面营造村的党建文化带。她积极组织开展党员志愿服务活动，弘扬“百折不挠、坚韧不拔、自力更生、艰苦创业”的“雪峰精神”，充分发挥党员先锋、代表表率作用。在一些节日利用帮扶单位资源，对村里困难户和贫困老党员进行慰问，详细了解近期生活状况、享受帮扶政策等情况，并多次对多户贫困户进行经济补助慰问，帮助他们克服生活困难，把温暖带给困难户。

坚持保护古村，建设生态乡村

在新建镇党委镇政府的领导下，她协助村“两委”，以省级历史文化村落保护利用重点村项目建设为契机，充分挖掘村庄人文历史资源，对古建筑、古遗迹进行修缮提升。她作为农村指导员，尽最大的努力，配合村里开展这方面的工作，碰到难题，能够与村干部一起讨论，遇到困难，能够与村干部一起探讨，推动历史文化村落保护项目的开展。古村落保护点燃了村民对未来的信心，借此推广古村落、激活美丽经济将成为鱼川村发展的新思路，2023 年度将全部完成修缮工程，古村面貌即将迎来蝶变。

开展村庄大扫除活动

坚持古村发展，提高乡村基础设施

由于鱼川村经济基础比较薄弱，在基础设施上的投入明显不足，这给社会经济的健康发展带来了一定的影响。她充分发挥联系单位的后盾作用，为所驻村发展献计献策，搞好协调工作，积极与市、县两级水利局对接农村饮用水提升改造项目，解决村民的最基本生活用水，预计项目投资约 70 万元；推进陈宕防洪堤修复项目，努力解决一些制约农村发展的水利基础设施建设方面的问题。一年多来，在上级党委政府的坚强领导下，她协助村“两委”完成了村级便民服务中心建设，大楼现已完成装修并正式启用，提高为民服务水平；苍璧山游步道项目已完成建设，项目投资 60 万元，群众人居环境得以改善。

组织调研活动

在接下来的工作中，她表示将继续当好驻村第一书记、农村工作指导员，结合当地实际，解决好与群众生活密切相关的问题，突出抓好生产发展，积极进行产业结构调整，为建设更加生态宜居的美丽乡村，推动打造共同富裕美好社会山区样板贡献更多力量。

缙云篇

共谋致富路 同唱幸福歌

——丽水市公安局派驻东渡镇兰口村农指员 徐丰锋

“这次我们一定要抓住机遇，彻底改变我们村的面貌。”在缙云县东渡镇兰口村担任村指导员的徐丰锋正在给村“两委”干部鼓劲。2022年，徐丰锋被选派到缙云县东渡镇兰口村，扎根这个美丽的小山村。

查底数，厘清乡村发展新思路

从机关到基层，徐丰锋深知要想迅速融入新角色，过程当中没有捷径，只能靠一份真心，多走、多谈、为民谋福利，只有脚上沾的泥土多了，才能离村民的心更近。兰口村地处缙云县城南部，是个独立村，距缙云县城4千米。来到兰口村后，徐丰锋第一件事就是“查底数”，她为自己专门制定了一个“访民情、听民声、解民忧、办民事”的调研活动，与村“两委”班子交流座谈，深入走访党员群众。仅仅一个月时间，徐丰锋就走遍了村庄的每一个角落，跟村干部、党员群众进行沟通。充分了解兰口村的基本情况后，结合兰口村地理位置优越、交通便利的优势，徐丰锋与村“两委”干部共同谋划新思路，拟定了电子商业、文化、油茶等三大资源为主导的发展计划，为兰口村明确了发展方向。

抓党建，展现基层组织新风尚

徐丰锋说：“抓好基层组织建设，以党员带群众，是农村工作指导员的指导思想。除了我自己要起到带头作用，更要发挥村里其他党员的模范作用。”为切实加强村干部作风建设，增强党员干部服务意识，提高服务水平，徐丰锋发挥党员先行、支部引领作用，把力量凝聚在产业发展中，培养出了一批讲党性、懂经营、善管理、能带富的农村党员，成为带动产业发展的“领头雁”。同时，将主题党日活动、党群活动日等党内生活的主战场前移，广大党员积极行动，参与疫情防控、植树造林、环境整治、乡村振兴、交通劝导等活动，全面打造环境秀美、和谐文明的乡村新风貌。

促发展，精准发力谋取新突破

“输血不如造血，必须实现村集体经济新突破”，徐丰锋坚定地说道。明确想法后，徐丰锋便从整合现有集体资产和扶助资金入手，盘活利用闲置资源、拓宽村民增收渠道、激发内生发展动力，2022 年村集体收入达 75 万元。在紧抓经济发展的同时，也始终关注着村里的基础设施建设。驻村以来，开展村集体综合楼建设规划，计划建筑面积约 12 000 平方米，投资约 2 500 余万元；推进下处环村路和后山环村路项目建设，提升兰口

发放宣传资料和讲解防范诈骗知识

整体村容村貌；新建设乌洋坑堰坝，引活水进村，满足村民生活需求，并结合旅游民宿开发，改善村庄生态环境，打造兰口新亮点，积极对接县公安局，为村里安装道路监控，解决安全隐患。一套套组合拳下来，兰口村实现了大变样。“我从来没有见过这么亲力亲为的干部，看到她为我们做的这一切，我们都非常感动。”村民们说。

强自身　创新服务群众新模式

“把村集体的利益放第一位，把群众时刻放心上”是每个农村指导员的心声，徐丰锋将服务送到村、送进群众家。作为市公安局的干部，徐丰锋充分利用专业知识加强法制建设工作，大力开展“法律进乡村”活动，通过现场播放禁毒、反诈、反恐宣传小视频，发放宣传资料等方式，向村民讲解常见的诈骗类型和防范养老诈骗知识及如何识毒防毒知识，以法治助力乡村振兴，指导村级全面实施村庄整治工作并取得了良好效果。及时了解老党员和困难群众情况，牵头推进市直机关结对帮扶走访慰问活动和学牛结对帮扶行动，一年来，共走访农户 73 户次，召开相关会议 6 次，落实扶贫资金共计 17.2 万元。

“一年来，我围绕农村工作指导员职责，为兰口村做了一些积极有益的工作。接下来，我将认真思考，提高站位，继续努力，为促进东渡乡村振兴长远发展做出积极的贡献。”徐丰锋说。

深入一线“三服务” 担当实干促发展

——丽水市农林科学研究院派驻七里乡黄村畈村农指员 杨继

2022年初，丽水市农林科学研究院选派杨继到缙云县七里乡黄村畈村担任农村工作指导员并兼任村第一书记。自派驻以来，他努力学习、扎根基层、贴近群众，做到下得去、驻得住，集中精力为民办实事，扎扎实实地开展工作。

说变化 谈奋斗 话美好

“村民们想要共同富裕，离不开学习贯彻落实省党代会精神，下面让我们以热烈的掌声欢迎年轻的宣讲员给大家讲一讲！”在黄村畈村文化礼堂，杨继通过宣讲，和党员、村民分享学习省第十五次党代会精神，第一时间把党的声音和要求传递到基层一线，推动党代会精神学习贯彻走深走实。

为了让党员群众坐得住、听得进、学得懂，宣讲会上，他运用通俗易懂的语言，结合身边人身边事和党员群众进行交流。省第十五次党代会回答了未来五年浙江举什么旗、走什么路、达到什么目标的时代之问，生动诠释党代会提到的“两个先行”、数字变化，让大家真真实实地看到、体会浙江省和丽水市这五年来取得的多项历史性成就。

“我觉得，我们村要借助数字化的平台，把村里的特色产品宣传、推广出去……”党员们振奋不已，大家围绕“乡村产业发展、科技共富”主题，就如何参与村庄建设展开积极讨论，为家乡发展建言献策，争做共富路上的践行者、领跑者。

支部共建聚合力 院地携手绘新篇

为弘扬践行"浙西南革命精神"，丽水市农林科学研究院与七里乡黄村畈村共同开展院地支部共建活动，双方签订了院地支部共建协议。开展了"送果苗种果树，为群众办实事""迎七一、送暖心"等主题党日活动。院党组成员、副院长王立新在参加主题党日活动时指出：助力乡村振兴，是市农林科学研究院应尽的职责，大家要坚定传承红色文化，强化院地共建，充分发挥红色文化在乡村振兴中的作用。第一书记要充分发挥个人优势和院农林产业资源技术优势，帮助培育一批人，助力村集体经济发展。

就如何以党建为引领抓好乡村振兴双方一致表示，抓组织共建，筑牢乡村振兴"堡垒"；抓产业共建，打造乡村振兴"引擎"；抓生态共建，擦亮乡村振兴"底色"；抓人才共建，锻造乡村振兴"铁军"；抓文化共建，塑造乡村振兴"灵魂"。以支部共建为契机，进一步拓展院地合作的渠道和平台，引领黄村畈村乡村振兴和经济社会高质量发展。

技术专家下乡服务

强化帮扶对接　构建长效机制

聚焦乡村振兴战略和创新驱动发展，为充分发挥丽水市农林科学研究院各学科专业技术和资源平台优势，搭建长效对接服务机制，开展了“市农林科院博士、硕士专家进七里”聘任仪式及长效技术服务活动。

七里乡根据16个行政村农业产业发展情况，建立对口专业技术服务机制，聘任了果树、中药材、蔬菜、动科等学科专业的博士、硕士为七里乡特聘技术专家，采取线上线下并行模式，不定期为各行政村各产业提供技术服务。为草莓、奉化水蜜桃和浙贝母等种植基地开展过多次技术服务，在种植关键技术、品质把控、销售模式等方面对村民进行了重点培训。

科技助农增收致富　建设共富示范基地

为实现钱粮双增，装满“米袋子”，鼓实“钱袋子”，杨继同志着手建设了“稻耳轮作”科技共富示范基地，这是一项利用冬闲田作场地，在开展黑木耳短包地栽的同时，兼顾水稻生产的高产高效新技术。可实现亩产稻600千克、干木耳700千克，亩效益1.5万元。

建设共富基地，提升土地利用率，提高单位面积收益，助力农民增收致富，发挥示范辐射作用。“青、黄、黑”三色将在黄村畈村的田地上绘就一幅乡村田野美景图，走出“一田多收”的新“稻”路。

缙云篇

扎根农村　心系百姓

——丽水中学派驻新建镇新长川村农指员　樊伟勇

2022年1月，丽水中学樊伟勇同志受组织派遣，到缙云县新建镇新长川村担任农村工作指导员并兼任村第一书记。

上任伊始，樊伟勇同志就用脚步丈量着乡村的土地。他上门宣传政策，检查排除消防隐患，组织党员在村里开展志愿者活动，防汛期间摸排险情及时转移危房户等，新长川村处处都留下了樊伟勇同志忙碌的身影。

农村最富余的是劳动力，缺的是项目、资金，缺文化，缺人脉，要靠项目拉动经济，用资金支撑项目建设，依托人脉争取项目，获取信息，利用文化进行信息交流。樊伟勇同志从农村最需要的地方着手，摸清脉络，首先从上述四个方面着手，依托上级政府主管部门、派出单位，给予所驻村强有力的支持和帮助。针对具体的项目，樊伟勇同志和村“两委”分工：樊伟勇同志主外，村“两委”主内，如立项、争取资金、文案处理、部门协调沟通等由樊伟勇同志负责，村“两委”负责村内具体落实，在这一点上，樊伟勇同志与村“两委”配合默契。有效地推动村集体经济的发展，为村民增产增收出谋划策，在老百姓中间赢得了良好的口碑。

为确保工作的延续性和可持续性。樊伟勇同志在工作中坚持“授之以鱼，不如授之以渔”的原则。在涉及与有关部门沟通协调时，都尽量让村干部参加，让他们认识相关的人，熟悉相关的流程，尽可能将认识的人介绍给他们，并鼓励他们有空的话多到主管部门去走走，多沟通，获取有用的信息。

在新冠疫情来势汹汹危害人民群众生命之际，樊伟勇同志主动请缨，积极融入抗击疫情阻击战中。在疫情最严峻的时候，主动冲在抗疫第一线，积极参加值班卡点的防疫检查工作，协助镇党委和村“两委”做好宣传，组织村民开展疫苗接种工作，确保村民的健康安全。

樊伟勇同志驻村期间，主动参加村“两委”会议、村民代表会议，以及每月举行的党员主题日活动，积极为新长川村的发展出谋划策。并努力提升村“两委”班子凝聚力及战斗力。主动对接，实行“走出去，学进来”的策略。与村庄治理、集体经济等方面先行的明星村——东渡兆岸村结对，向先进村的村干部当面请教治村经验。

参加村“两委”会议

作为村里的第一书记，樊伟勇同志把党建工作开展得有声有色。村党支部每月定期组织党员开展主题日活动，樊伟勇同志多次为党员们上党课，组织党员学习理论知识。并在学习会后开展党员志愿者活动，打扫卫生，清运垃圾，进行村庄治理等活动，在提升村庄面貌方面起到党员先锋带头作用。新长川村党支部为此获评“先进基层党组织”称号。为迎接党的二十大，2022 年 7 月 1 日，新长川村党支部前往三溪乡丽金台温边境革命纪念馆开展红色之旅。聆听英雄事迹，传承革命精神。樊伟勇同志以“砥砺奋进，富裕先行”为题为党员们上党课。并组织全体党员前往村集体经济发展先进村——壶镇联丰村参观学习，开拓视野，增长见识。

为带动农旅融合，催生美丽经济，实现产业发展，促进富民增收。樊伟勇同志坚持项目引领，实行乡村振兴。积极协助村“两委”努力争取市级“山海协作”项目。在前期顺利完成宁波市援助修建的防洪堤项目并已争取财政补助资金 100 万元的基础上，经过一年多的积极争取，在上级领导和主管部门的大力支持下 ，通过县、市两级评审筛选，市级“山海协作”项目再次成功落地新长川村。

共赴·共负·共富

——丽水市检察院派驻东方镇新深渡村农指员 陈杰斐

农村天地广阔，大有可为。丽水市检察院派驻缙云县东方镇新深渡村担任农村工作指导员的陈杰斐感叹，非常幸运生活在这个时代，非常荣幸走出机关大门，更加近距离地参与到农村共同富裕这场伟大事业中来。

共赴征程 接续奋斗不停步

2022 年初刚到新深渡村，陈杰斐作为检察机关的干警，不懂经济工作，没有丰富的农村工作经验，曾一度有不知如何着手的困惑。为此，她主动向农业农村局对口部门以及市检察院前一任农村工作指导员李秀伟讨教，心中暗暗下定决心，要在前一任指导员基础上，争取为村里做更多实事。陈杰斐在接任农村工作指导员工作后，从参加东方镇全体干部集体夜学开始，通过与镇里干部互动交流，逐渐熟悉镇情村情、熟悉人头、熟悉工作。当陈杰斐了解到 2023 年 4 月 16 日即将举行 2023 骑行中国——黄帝缙云机车嘉年华活动，其中东方镇新深渡村也是活动经过路段之一，陈杰斐当即要求镇里将自己也安排参与到该活动的安保工作当中。

共负使命 红绿融合谋发展

新深渡村位于东方镇的东部，42 省道旁，交通便利，由深渡、岱石口、陇坑、皋头四个自然村组成，好溪贯穿三个自然村。近年来，村里大力发展茭白、茶叶等产业，助力农民增收致富。村内文化底蕴也比较深厚，位于皋头自然村有一条永济堰，建立于明万历年间，由乡贤富商集资建成，灌溉 1 800 亩，堰渠长 9.2 千米，渠道流经皋头、胪膛、苏宅、西山等15个自然村。全市建设绿水青山与共同富裕相得益彰的新丽水、打造革命老区共同富裕先行示范区、创建浙江（丽水）绿色发展综合改革创新区、打造诗画浙江大花园最美核心区，实施生态产业提质、美丽城乡提标工程……工作主战场、发展主方向、举措主攻点一一明确，高质量绿色发展新路不断拓宽。这些都为农业农村共同富裕指明了方向、明晰了路径、提供了方法。

在前任农村指导员的工作基础上，陈杰斐紧紧围绕增强政治功能、提升组织力，推动加强村“两委”班子建设，不断增强农村班子活力。一方面实现支部互联，联合浙江交控集团丽水党支部共赴东方镇岱石村、汤畈村、新深渡村等地，开展支部共建活动，实现资源共享、优势互补，助推村党建工作规范化。另一方面是实现党员互动，组织市检察院部分党员赴村过第二季度政治生活，通过重温入党誓词、座谈交流、法治宣讲等形式开展互动交流，加深双方感情。再一方面是实现结对共助，组织开展“走亲走心、助力共富”党员志愿服务活动，走访慰问困难党员6户次、走访村所在企业1家。

党员志愿服务活动

共富之路　没有局外人和旁观者

绵延不绝的青山，曾是丽水脱贫致富的阻碍，现在却成为宝贵资源。在全面建设绿水青山与共同富裕相得益彰的新丽水背景下，2022 年深渡村上隔溪 24 亩茭白田出租每年 1 万元左右，深渡板栗园出租每年 2 万元左右，皋头自然村茶叶基地出租每年 7 000 元，总收入达到 30 万元，其中经营性收入 20 万元。成岱石口和皋头自然村美丽乡村精品村创建（总投资 380 万元、补助 300 万元）以及东方绿道新深渡段绿道建设，建成公里数系全镇最长。接下来，陈杰斐打算通过后续多走访、多参与村内重点工作，对村情民意、问题困难、发展思路有更深的了解和把握。梅干菜产业是新深渡村的支柱产业，陈杰斐计划根据镇梅干菜产业发展现状，掌握村低收入农户实际情况，结合工会“可在国家规定的法定节日向全体会员发放节日慰问品”的规定，在节假日给单位干警采购相关梅干菜制品，争取帮助村集体增收。

陈杰斐始终坚信，只要农指员和农民群众眼里有光、身赴征程、肩负使命，共富的脚步就会越来越近。

缙云篇

盘活闲置资源　助推共同富裕

——丽水市建设局派驻东渡镇桃花岭村农指员　潘祁

“缙云城南三十里有桃花岭，为通处瓯要隘，岭故树桃，因名焉”。桃花岭村紧挨莲都区仙渡乡，是缙云县的南大门，村落沿 S333 省道呈带状分布，括苍古道穿村而过，历史古迹遗存丰厚。2022 年 1 月，丽水市建设局潘祁同志被派驻到缙云县东渡镇桃花岭村担任农村工作指导员、村第一书记。接到通知时的他既兴奋又忐忑，兴奋的是自己本来就是农民出身，对于从小在农村长大的他来说，对农村有着很深的感情；忐忑的是他深知乡村振兴工作责任重大、使命光荣，这是组织对自己的信任和重托，是自己人生的又一次历练。

作为新任农村工作指导员、村第一书记，为了尽快完成从城市到农村，从“坐机关”到“走田坎”的角色转换，全面适应新工作“水土”，到村后，潘祁就马不停蹄地与村干部、驻村干部们开展走村入户工作，走遍了桃花岭村的角角落落，深入村民家中了解需求，倾听村民建议和心声，同时，他还积极参加村“两委”会议、村民代表会议，加快掌握村情民意，切实做到情况明、底数清。期间，潘祁深刻意识到，如何帮助所在村壮大村集体经济、促进群众增收是新形势下答好“共同富裕”这道“时代命题”需要重点思考的问题。

在一次走访底处自然村的过程中，潘祁看见了一片已倒塌但还未拆除的破旧危房和残垣断壁，有着农村危房治理经验的他当即向同行的村干部指出，“危房周边还有村民居住，存在一定的安全隐患，要及时做好防控措施以保障村民生命财产安全。同时，此处危房还位于公路沿线旁，严重影响了村容村貌，是建设美丽乡村的‘绊脚石’，应做好相关处置工作。”

党员志愿服务开展整治村庄环境

走访归途，潘祁就敏锐地察觉到，是不是能把这样的闲置资源盘活利用起来，有哪些可以利用的方式等问题。为此，他积极发挥桥梁纽带作用，会同派出单位与县、镇、村各级领导多次开展座谈交流，结合村集体经济薄弱、产业缺乏等问题进行了充分探讨，得到很多有针对性的意见建议，拓宽了谋划思路。

最终，在结合本村产业发展实际的基础上，计划在该址建造一个农产品蔬菜交易场所，主要用于村民集中售卖自己种植的各类农产品，力争通过项目实施盘活利用闲置土地资源、拓宽村民增收渠道、激发内生发展动力，推动实现村级集体经济新突破。

说干就干，项目谋定后，潘祁一方面和村书记、村干部积极研究上级扶持政策，加强与相关部门的沟通联系，加大资金争取力度，一方面组织人员对危房及周边废弃建筑进行全面拆除，做好场地清理平整，消除安全隐患。在他与村“两委”的共同努力下，底处村农产品蔬菜交易场所项目成功落地，争取了“一事一议”省补资金 67.5 万元，以 100.1347 万元承包建设。

协调派出单位指导领办项目

潘祁还充分利用派出单位的职能优势，邀请分管领导到项目现场进行调研，深入了解建设进度、安全生产等方面情况，解答项目建设过程中的疑难问题并提出相关建议意见。目前，该项目已经竣工，并投入使用。

“作为农村工作指导员、村第一书记，我们要全力以赴帮助所在村理清发展思路、找准发展路子，通过盘活闲置资源等方式，充分挖掘村庄自身潜力，不断增强“造血”功能，发展壮大村集体经济，促进农民增收致富。在接下去的时间里，我会继续扎根基层，为早日实现共同富裕贡献自己的一份力量。”潘祁说。

缙云篇

乡村的三个“不一样”

——丽水市农业农村局派驻新建镇韩畈村农指员　朱剑夫

2022 年 1 月，朱剑夫从丽水市农业农村局机关派驻到缙云县新建镇韩畈村，成为一名农村工作指导员。对他来说，农村工作是那么的熟悉，自参加工作以来就一直在农业农村部门，各项工作轻车熟路；同样，农村工作又是那么的陌生，他没有下过田、没有种过地，村头村尾难分东西。就这样，朱剑夫怀着忐忑的心理从机关走向乡村。一路走来，他认识了乡村的三个“不一样”。

座谈会现场

乍到，乡村原来不一样

“小朱，到村里可比你现在的工作要难得多哦，要有心理准备。”这是单位里有农村工作经验的同事对朱剑夫的提醒。“很难吗？”他心想，自己是农业农村主管部门派出的干部，村里的工作肯定游刃有余。而当踏上韩畈村那一刻起，他才真正认识到，乡村原来不一样。韩畈村是2021年全市57个村集体经济发展未达标村之一，增收门路不多，刚刚经历换届，工作有待起步。而镇里、村里又对市里派来的干部有很多期盼。“朱书记，村里的田水路有问题，能帮忙联系点项目修整吗？”“朱书记，村里集体经济收入上不去，您给想想办法。”“朱书记，村里大会堂想重建，帮忙联系联系”……初来乍到，朱剑夫就接到了许多求助。那一双双翘首以盼的热切眼神及村民们粗糙的双手，他已然认识到自己稚嫩的臂膀将要肩负重担——乡村不是文字和数字的堆砌，而是真干与实干的地方。

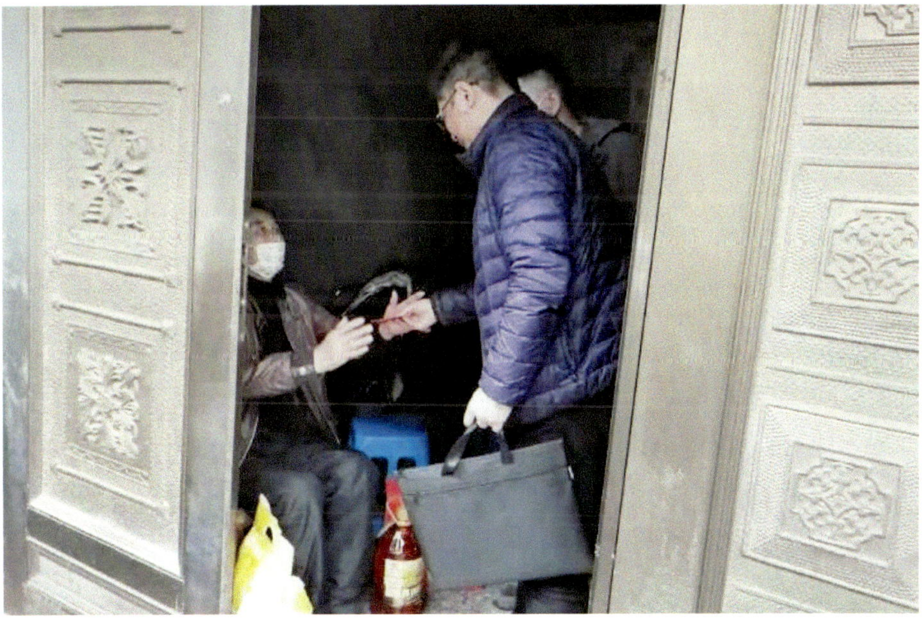

走访慰问困难户

融入，乡村可以不一样

经过一段时间的适应，朱剑夫沉下心来着眼乡村振兴、共同富裕这个大局，着手摸清村情民意，与村“两委”班子一起共谋村庄建设、村集体经济发展、乡村治理等大事要事。韩畈村虽然基础较差、资源不多，但上接新建镇这个中心镇，下接河阳古民居景区，地理位置具有独特的优势。

“小朱，村里的集体经济一定要搞上去，这既是你作为农村指导员的责任，也是我们农业农村干部的重要职责。”单位领导的殷殷嘱托，让朱剑夫下定决心，要紧盯村集体经济增收这一目标，发挥好韩畈村的优势，让乡村振兴从理论走进现实。于是，他与村“两委”干部一起积极对接市、县相关部门，筹划村集体经济和村民“双增”之路，先后对接中国银行丽水市分行、浙江蓝城农业集团、全省山海协作项目，促成了多方合作，拓宽了村集体经济增收的路径。

“原来可以不一样。”这是朱剑夫这一年指导员干下来的感悟，乡村可以通过实干展示不一样的风景，人也可以通过实干展现不一样的风采。

蓝图，乡村真的不一样

“朱书记，新年好！今年村里准备干几件大事……到明年咱们村肯定有大的变化，再也不是落后村了。”新春伊始，朱剑夫就接到村书记的电话。听着对方热情洋溢地擘画新年蓝图，他心里感叹，乡村真的不一样。这个“不一样”，是派驻村通过精心谋划、精心打造的不一样。韩畈村将充分发挥全省第十批历史文化村落保护利用重点村项目的引领作用，全面迭代升级村庄建设，挖掘出韩畈的“双井”文化，统筹推进八角亭网红打卡点、环村古渠、沿村石板路、黄氏宗祠、樟树林休闲道、休闲广场等建设；对标新时代美丽乡村、花园乡村的目标和导则，系统优化村庄布局、全域提升人居环境、持续激发古村活力。这个“不一样”，也是全市乡村通过发展振兴、推动共富的不一样。

在乡村一线工作，朱剑夫更加深刻地认识了农业、农村、农民，锚定农业强国、建设农业强市的载体和举措在他心里更加清晰地浮现。

缙云篇

爱民心　帮扶手　共富路

——丽水市国资委派驻东渡镇小仙都村农指员　丁军利

廿年军旅戍边防，不惑归来田舍郎。自2019年7月至今的4个年头里，丁军利受组织派遣，先后到缙云县的洪坑桥村和小仙都村任驻村指导员。带着组织嘱托干些好事的希望，传承敢打敢拼的军人作风，视驻村为首要职责，扑下身子主攻扶贫，被村民亲切称为“老丁书记”，连续3年被评为市级优秀驻村指导员，荣立三等功一次。结对村首批通过省级小村镇整治复核，所在乡政府直接申报参评省级文明乡镇。

始终如一强班子　当好领航的“帮扶手”

前些年，村“两委”班子议事制度不够规范，内部也有杂音，支部建设水平在全乡不突出。面对困难和问题，他全力帮建支部班子，一到村就发挥自身政治优势，从“抓班子、带队伍、强堡垒”入手，处处作表率，事事先带头，引导村“两委”干部坚持高标杆定位，高标准落实。尤其是2023年“一肩挑”换届选举期间，会同乡领导班子坚持“白加黑、五加二”连轴转，不辞辛苦走访党员、村民，电话联系外地乡贤，广泛征求意见建议，真正把有公心、热心的人推上来，把能干事、干成事的人选出来。“七一”期间，联系原单位党委书记杨雷上党课，围绕“革命老区要先摘贫帽子”“党员要带头拔穷根子”等主题展开阐述，村“两委”和全体党员深受教育。规范落实“三会一课”、民主评议，完善村民代表议事等制度，制定议事规则、决策程序。

好干部选出来了，党员干劲也足了，村民心里也亮堂了，“两委”班子的威信也逐步立了起来。小仙都村“一肩挑”朱刚强入选全县“明星书记”培育对象，洪坑桥村支部也连续被乡党委表彰为先进。

村“两委”班子议事

表里如一摘穷帽 走好乡村“共富路”

两个村贫困基数大、脱贫难度大的现状，并没让他低头认败，他放弃休息日，与乡干部一起下田头帮农户收割庄稼，下村头到贫困户家庭嘘寒问暖。通过农户自评、村级核评、乡镇审评，精准确定贫困户头，确保一个不漏、一户不差。到目前，共帮 7 户贫困户贴息补助 6 万元，为 8 户争取 18 万元政府补助金用于危房改造。走访溶溪小学时，了解有 37 名贫困生靠政府补贴吃营养餐，父母常年在外务工，缺少学习用品和运动器具，他主动与工作单位联系，发动机关党员捐款 6 000 元。会同单位机关党员到村开展“端午情国资心”敬老活动，给 59 户贫困户送上粽子、食用油和大米，传递了党和政府的温暖与深情。

穷尽一切办法扶产业、找项目、筹资金、拓销路，帮村民增强“造血”功能，协助乡政府成立强村公司，主动协调市农投、市旅投等公司赴村调研农产品购销、旅游开发等项目，签订年销售至少 30 万元农产品的战略协议，到目前，已联系市丽水山耕梦工厂 10 万元资金用于采购结对村的板栗、香榧、土面等农产品，引起省市媒体的高度关注。

点面合一护民安　深怀驻村“爱民心”

台风“黑格比”来势汹汹，给全县带来了百年难得一遇的特大暴雨，丁军利与乡党员干部亲临一线对村危旧房等隐患点进行细致滚动摸排。累计协助乡干部紧急转移安置人员 153 人，其中集中转移避灾安置点 49 人，分散安置 104 人，无人员伤亡。村里有一修建于清代乾隆的石桥，边上老旧房内住着几户村民，虽经多次上门劝其尽快转移，但胡某坚决不肯转移，放不下住了这么多年的家。随着台风越加猛烈，桥基石头脱落，房屋随时会崩塌，里面的一对夫妇生命十分危急！他与另一乡干部小张猛地冲进屋内，“硬”牵着胡女士转移，成功躲过了一劫。不到 2 分钟，石桥轰然倒塌，旧房墙体也裂倒。“好惊险！太幸运！”边上的村民激动地说。党员干部应在危险时刻冲上去，把人“抢”出来是第一位的！人安全了，他悬着的心才放下了。

疫情来袭时，面对防疫物资短缺的困难，丁军利率先捐款 300 元，发动全体党员捐款近 3 万元，鼓动在国外创业的乡贤捐赠医用口罩 5 000 个，为抗疫胜利殚精竭虑、不遗余力。

扬优势补短板　促共富助振兴

——丽水市台办派驻溶江乡洪坑桥村农指员　柳嫣

2022 年 8 月，柳嫣从丽水市台办机关被派驻到缙云县溶江乡任党委副书记、洪坑桥村第一书记，成为一名农村工作指导员。她从小在县城长大，参加工作以来又一直在部门机关，虽然在基层工商所工作六年，但是打交道的都是个体经营户，农村、农民工作于她而言还是比较陌生的领域，但农村、农民工作于她而言又是新奇向往的工作。

虚心请教，快速完成角色转换

俗话说，不打无准备之战。在去溶江乡洪坑桥村之前，柳嫣先开始请教起身边的亲人朋友们。首当其冲请教的是她的老爸。她的老爸出生在农村，工作在农村，是名副其实的农村工作专家。她老爸在得知她要去农村历练的时候，特别欣慰地说："农民兄弟很朴实，农村工作讲方法，你去农村多做实事多交朋友，自然有很大的收获。"然后给她讲了许多他年轻时在农村工作的趣事和经验。其次就是请教领导，市台办的领导、农业农村局的领导、溶江乡的领导，每位都给了她经验之谈，让她更有把握做好农村农民工作。最后她请教了上任指导员丁军利同志及乡派驻指导员潘豪超同志，他俩一个是非常温暖的大哥、一个是非常贴心的小弟，都毫无保留地把洪坑桥村的基本情况、当前存在的困难以及接下来怎么做等给她做了详细分析和想法沟通。请教完，准备好，她带着使命与憧憬走向了人生的另一个梦想之地——洪坑桥村。

俯下身子，真心了解融入农村

到村后，柳嫣马不停蹄地与村“两委”干部一起开展走村入户工作，首先是走访低收入农户，了解致贫原因、有哪些需求，借过新年、儿童节等特殊时间节点，加大走访慰问力度，与村民聊家常，关心他们的柴米油盐，认真倾听他们的建议和心声。其次是通过参加村“两委”会议、村民代表会议，加快掌握村情户况，切实做到情况明、底数清，并与村“两委”班子一起共谋村庄建设、村集体经济发展、乡村治理等要事，筹划村集体经济和村民“双增”之路，切实推动洪坑桥村的建设发展。同时，她积极对接市县农业农村局等相关部门，为洪坑桥村争取资金支持与补助，全身心投入乡村工作，助推共同富裕建设。

发挥优势，持续开展对台交流

溶江乡的对台工作一直走在前列，又是多年来省台办的结对帮扶乡。柳嫣发挥台办干部优势，指导、组织并参与多起在溶江乡的缙台交流活动，助力溶江乡在对台工作上有新贡献。

走访慰问困难户

2022年溶江乡党委政府在市县台办的指导下，推动壬寅（2022）中国仙都祭祀轩辕黄帝大典缙台两地民俗文化风情节活动圆满举行，该项活动策划有力、组织有序、热闹有趣，得到嘉宾的高度赞许。助力创成交流示范点，通过省、市、县三级台办互动助力溶江乡岩门村成功争创交流示范点。2022年12月22日，国台办批复同意缙云仙都景区海峡两岸交流基地在溶江乡岩门村设立交流示范点，拓展丰富仙都景区海峡两岸交流基地功能，为推动深化两岸交流合作更好发挥示范引领作用。积极组织台胞团组到溶江乡参访交流。通过交流互鉴、座谈交流等形式，力促两地民众加深了解，增进情感，深化合作。目前，蔡辛爵、谢德玮等台商常住溶江乡，积极发挥他们专长，助力溶江乡乡村振兴建设。

在乡村一线的工作历练，让柳嫣更加深刻地认识到学农知农爱农，方能为农，才能在农村广阔的天地里有作为。在接下来的时间里，她表示会继续扎根洪坑桥村，扬优势补短板，促共富助振兴，实实在在贡献自己的微薄力量。

缙云篇

予人玫瑰　手有余香

——缙云县生态环境保护行政执法队派驻东方镇胪膛村农指员　邵东胜

农村帮扶形式有很多种，而他，选择到最基层去，到最需要帮助的低收入农户家中去。

东方镇胪膛村农指员邵东胜

图中的这位端着四箱饼干的“大力士”是缙云县生态环境保护行政执法队的副队长邵东胜。2021 年年底，缙云县招募新一批县派农村工作指导员（村第一书记），派驻农村做新时代乡村致富的引路人。当年 50 岁的邵东胜自告奋勇，请求组织派他去农村当指导员，帮农民做点实事，感受最接地气的乡村气息，体验农民最朴实的生活氛围，他常说：“想去帮助一些最需要帮助的人！”

胪膛村户籍人口五千多人，人口基数庞大，低收入群众及困难群体数量相对较多。受疫情影响，很多低收入农户存在物资短缺的困难。马上过年了，邵东胜在村里组织成立“暖心服务小分队”，商议筹集一批物资以解群众燃眉之急，经统计摸底，村里共有 118 户低收入农户。“不能落下一户，是笔不小的开支。”邵东胜提议，“可以让有能力的爱心企业来帮助村里的困难群众。”他联系到浙江嘉宏工具制造有限公司为胪膛村 118 位低收入群众捐赠米、油等一批生活物资，并送上春节暖心祝福。

2023 年 1 月 9 日，暖心物资送达胪膛村，“暖心服务小分队”立即到户分发物资，让每一位困难群众都能感受到关怀。“我老伴走的早，平时身体又不好，又没有收入，真是感谢你们给我送来这些物资，让我们感受到了党和政府的关怀，真的谢谢你们！”村民老丁握着邵书记的手激动地说道。老丁是东方镇胪膛村一名低收入群众，平时生活拮据，年关将至，又逢疫情，收到暖心物资后，脸上露出了笑容。

向困难群众分发物资

作为派驻东方镇胪膛村的农村工作指导员及第一书记，一入职邵东胜便迅速转变角色，为了更快更好融入胪膛村这个大家庭，邵东胜积极参加公益活动，了解村里的风俗民情。从群众中来，到群众中去，2022 年，他共参加大大小小各类公益活动 8 次。

邵东胜说："既来之，我必将留下些什么！"村祠堂对于胪膛来说是村民们重要的精神寄托，是历史发展的见证。2022 年，他积极谋划并向社会筹集爱心资金 7 万余元用于祠堂的修缮，得到村民的一致好评。

安息堂建设、梅干菜培训中心建设、申报美丽城镇样板镇、老街道路修建、中学门口路面拓宽……，邵东胜马不停蹄，一直在路上，更是不忘初心、牢记使命，为建设和谐美丽的胪膛村默默无闻地奉献着！

履职尽责谋发展　真心实意促帮扶

——丽水市人民政府外事办派驻新路湾镇夹路畈农指员　王一波

2019 年 12 月，王一波从部队转业，分配到丽水市人民政府外事办公室工作，接到的第一个任务就是去结对村担任农村指导员，先后担任遂昌县云峰街道龙祥村和新路湾镇夹路畈农村指导员。三年多来，他坚决贯彻落实市委市政府决策部署，扎实推进结对帮扶工作，持续巩固拓展脱贫攻坚成果，助力结对村全面推进乡村振兴。

抓党建，履职尽责共发展

通过组织开展主题党日、结对共建、学习宣讲等活动，王一波着力建

联合开展主题党员活动

强结对村党支部。积极协调工作单位党组、党支部与结对村开展联合主题党日活动，与村民共同学习交流省第十五次党代会精神、党的二十大精神。同时，作为丽水市农村工作指导员遂昌组组长，能够加强协同、注重实效，定期组织组员和村干部赴先进村开展参观考察活动，通过视野、思想的交流让每位指导员和村干部创新思维、明确方向，切实提升治理乡村、推动共富的能力。

市外办赴结对村宣讲二十大精神

抓项目，聚焦产业补短板

他结合结对村的特点多次组织村干部、村民讨论，精准制定帮扶方案。积极协调相关单位，协助结对村争取“花园数字乡村建设项目”落地；建成夹路畈村农产品展示中心，既可进一步拓宽村民农特产品销售渠道，又能推动村集体、村民双增收。在他的牵线搭桥下，夹路畈村首批签订总金额30多万元、1 057份的农特产品采购订单。

真帮扶，凝心聚力促和谐

动真情、真帮扶，积极协调工作单位每年投入帮扶资金9万元，用于结对村的建设，每到一处，村容村貌都会有很大的变化。同时，深入群众，每年开展困难群众节前慰问，发动党员主动认领“微心愿”，为困难群众送上粮、油、棉被，让困难家庭感受关爱和温暖。

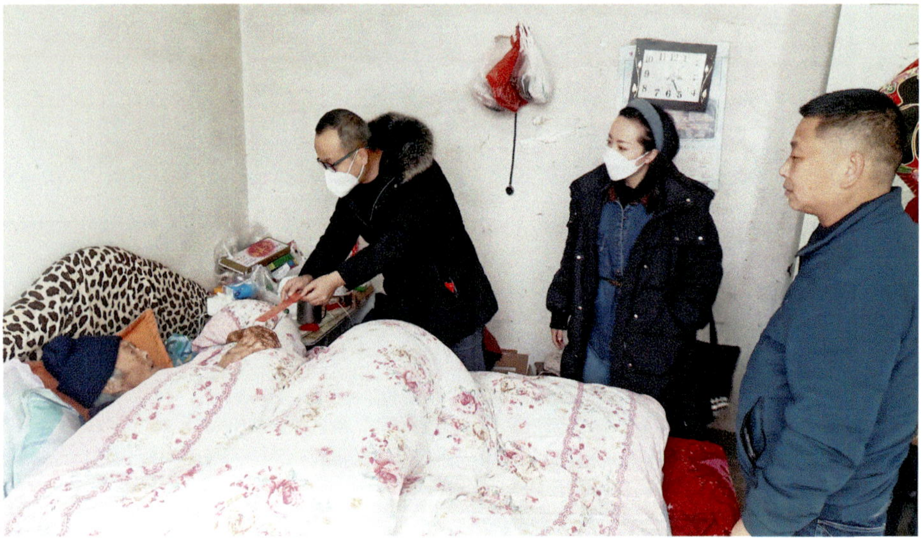

慰问困难群众

遂昌篇

党心连民心　健康进乡村

——丽水市第二人民医院派驻三仁乡高碧街村农指员　吴金金

吴金金来村后，经常走村访户，了解民情，积极宣传单位优势，谋划健康义诊，开展为民下乡送温暖活动。2022年6月30日，在吴金金的联系对接下，丽水市第二人民医院医务人员在医院党委书记吴绍长的带领下，驱车一个多小时，来到结对村遂昌县三仁乡高碧街村，开展“党心连民心　健康进乡村”迎“七一”主题活动，充分发挥党员先锋模范作用，将优质的医疗健康服务送到百姓家门口。

组织乡镇干部上心理解压课

医院党委书记吴绍长为全乡8个村的村干部进行心理健康知识讲座，从如何对抗心理压力、提升幸福指数的角度出发，结合实际案例，帮助乡村干部缓解工作压力，以更积极昂扬的工作状态投身到乡村振兴建设中。随后，吴金金带领党员干部走访慰问村里的困难群众，详细了解他们的身体状况和生活情况，把党组织的关怀与温暖带给他们。

医院心理科、睡眠科、老年科、康复科等科室的党员、专家，在村内开展系列义诊活动，并对一些老年人常见病、多发病进行预防知识和用药方法指导，倡导村民树立健康的生活方式。

党心连民心，通过农村指导员吴金金的驻村工作带动了丽水市第二人民医院专家和党员们的工作积极性，充分发挥了党支部的战斗堡垒作用，让党员干部们进一步深入基层、服务群众，切实解决结对村村民就医需求，为乡村振兴工作加油助力。

走访慰问低保户

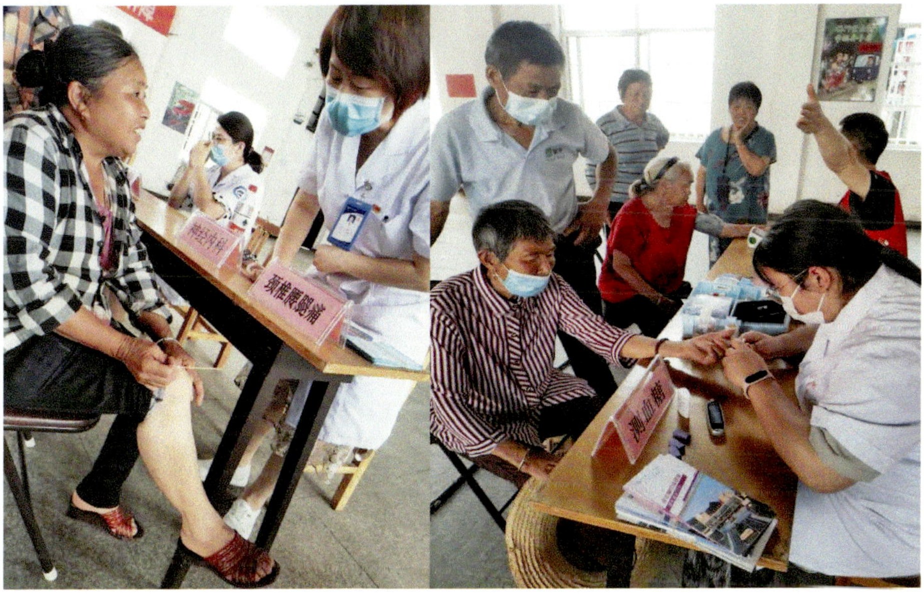

健康义诊下乡活动

助群众致富　帮百姓解困

——丽水市公安局派驻大柘镇北山村农指员　谭俊

作为一名农村工作指导员（村第一书记），谭俊有一颗火热的心，做农民群众的知心人、贴心人，为他们办实事做好事。

谭俊曾经担任龙泉市梅地村的指导员（村第一书记）。这是个偏远的村子，缺乏支柱性产业，村子“空心化”严重。在走访中了解到村民项永年在做灵芝野化培育工作，创业初期种植大棚灵芝销量并不好，谭俊鼓励他立足创新，将产业发展同村子得天独厚的生态相关联，方能行稳致远。随着灵芝野化工作的顺利完成，项永年又遇到难题，商标的标识让他举棋不定。谭俊与他深入沟通，指出他的形象非常好，名字之中的“永年”又有着永远年轻的美好寓意，以此作为商标更具特色，也符合种植者的身份。事实证明在后续的购买及评价之中，消费者对此商标的认可度非常高。在品牌创立初期，项永年这个初生的品牌由于消费渠道和知名度问题，销售十分困难，他着急找谭俊为其出谋划策。谭俊将他的难点当作自己工作的着力点，制定销售策略的同时主动帮忙进行销售，同时还号召他人来到灵芝基地参观，拓展销售渠道，帮助他解决了不少前期的难题。

之后，谭俊结合灵芝养生的特点，建议他永守种者本色，发扬灵芝特色，让灵芝这一“仙草”更好地服务他人，做有文化又有故事的牌子。在其品牌发展阶段多次在包装、设计、销售等方面提出建设性意见，并翻书查阅资料，留意产业动向、风向，利用一切机会走访专业领域专家，整合意见尽最大可能地给予其帮助。现在“项永年”这个牌子在龙泉灵芝界独树一帜，其年产值高达 500 万元，带动了 120 多位村民在家门口就业，人均增收 8 000 多元。

后来，谭俊到遂昌县大柘镇北山村担任第一书记，通过牵线与“龙泉项永年灵芝谷”“遂昌药王谷”签订合作协议，实现结对帮扶村的资源优势互补，圆满完成村集体经营性收入10万元的目标。还通过将村民的山林流转给村集体，引进县林业局的100多亩的苗木种植项目，增加村集体经济收入。

村民吴某，30岁未婚，响应政府“大搬快聚”号召，想到遂昌经济开发区买房就业，为了2万元的购房意向金问题，借遍亲戚朋友没有着落。谭俊作为第一书记，获悉这一情况后，主动联系吴某，帮他分析别人不愿借钱的原因，鼓励他要振作起来，要把这件事办完且办好，到城里买房后找份安稳工作，踏踏实实娶妻生子，并与村书记一起拿出2万元“私房钱”，帮他交了意向金。事后吴某也如愿入住了新房，为表达在其窘困之时谭俊伸出援手的感谢之情，特拿出500元以示由衷的感谢，再三推辞无果的情况下，谭俊以吴某的名义捐给村慈善基金会。

走访北山村结对低保户了解生活近况

因病返贫、因病致贫是农村扶贫工作的重点难点问题。谭俊广交医生朋友，针对遇到的疑难病症及时让患者与医生快速对接沟通，最快解决村民的疾病问题，提升村民的幸福指数。村民包某后颈部的神经性皮炎，奇痒无比，花费一万多元，辗转多家医院，病情反复难以控制。经谭俊介绍到丽水王氏皮肤门诊仅花费 500 多元便解决了困扰多年的顽疾；村民张某胃癌切除化疗后，身体免疫力低下，谭俊获悉后嘱咐其到医院服用中药调理，让龙泉帮扶村邮寄优质的灵芝孢子粉让他服用，多策并举之下，使他的病情得到了控制并恢复健康。

以问题为导向，让谭俊找到了服务农民群众的支点，发挥了更多能量并能得到群众的好评，群众称赞谭俊是一个好心人、好书记，其本人感到很开心、很知足。谭俊将继续践行一名人民警察的初心和使命，在农村工作指导员（村第一书记）的岗位上发光发热挥洒汗水，为强村富民作出新的更大贡献。

用心用情促发展　乡村振兴扬新帆

——丽水市委政法委派驻三仁畲族乡小忠村农指员　陈茜

2022年陈茜担任三仁畲族乡小忠村的农村工作指导员（村第一书记）。一年多来，认真按照上级关于农村建设的总体部署和指导员工作要求，在乡党委政府的帮助下，认真履行工作职责，努力融入小忠，参与乡村振兴，见证着小忠村的一个个精彩。

积极融入，认真开展驻村指导员工作

在小忠村“两委”干部和群众的支持配合下，努力履行“七大员”工作职责，积极主动开展各项工作并取得了阶段性成效。一是强化学习、

参加村“两委”工作例会

提高素质。注重夯实理论基础，重点学习中央 1 号文件以及省委、市委对于高质量推进乡村全面振兴的相关文件和政策法规，虚心向乡领导班子、村“两委”和群众学习农村工作的具体方式、方法，不断积累农村工作经验，在服务群众中提高农村工作的能力。二是强化调研、了解村情。深入田间地头，走访了全村在建项目、留守儿童与低保户。掌握了小忠村的基本情况以及党建、产业、生态等各方面的发展现状并形成村情要素报告，既为厘清思路、制定工作措施提供了资料，又增进了与村民的联系和感情。三是强化纪律、树好形象。驻村工作期间，认真遵守政治纪律、组织纪律、工作纪律和群众纪律以及农村指导员管理要求，始终保持严谨的工作作风以及良好的精神风貌。

主动参与，协助村“两委”做好各项工作

作为小忠村第一书记，陈茜积极协助乡党委，同小忠村“两委”一同厘清思路、做好服务，采取多项举措扎实推动乡村振兴。一是建强村党组织方面。多次参加村“两委”会议、村党员大会，共同协商各项工作，深入村社开展党的二十大精神宣讲。深化“党建带群建、群建壮党建”工作机制，针对村网格员、妇联等人员开展反邪、反诈、人民调解等相关培训，同时根据本年度县委第一巡察组对小忠村的巡察反馈意见，积极督促整改。二是推进强村富民方面。积极推进农业农村现代化，作为专班成员协助小忠村开展非粮化整治签约工作；助力村集体经济提升，及时向本单位汇报驻村工作，协调 5 万元帮扶资金落实小忠村竹创工坊项目，积极帮助三仁畲族乡八个行政村抱团组建的强村公司“小畲味”开展渠道推介活动。三是提升治理水平方面。协助小忠村开展“党群连心、网格走亲”活动，完善村级“1+3+N”网格体系和微网格建设，对小忠村的微网格进行重整并对微网格员开展培训；指导“小畲味”强村公司参评市诚信守法企业，参与评选小忠村 2022 年度法治带头人、法治明白人和学法守法示范

开展交流学习

户，推动健全党组织领导的自治、法治、德治和智治相结合的乡村治理体系。四是为民办事服务方面。对接市委政法委，开展“法治文化基层行走进小忠村”活动，提供法律咨询、反诈反邪、养老诈骗防范宣传等服务；结对帮扶两户低保户并每月走访；积极投身疫情防控，协助网格员发放防疫告知书、宣传老年人疫苗接种工作。

遂昌篇

助力乡村振兴　推动共同致富

——丽水市中医院派驻石练镇淤溪村农指员　洪溪潞

2017 年 1 月以来，洪溪潞先后到松阳县四都乡西坑村、庆元县松源街道四山村和遂昌县石练镇淤溪村任村第一书记，转眼已在这一岗位上任职第七个年头了。七年来，洪溪潞自觉履行第一书记职责，虚心学习，热心办事，受到村广大干部群众好评。

调研村情，倾听民声

为了尽快进入角色、了解情况，起初缺乏农村工作经验的洪溪潞克服工作和生活中的一些困难，听民声，体民情，着重走访村民代表、党员代表、困难群众，听取群众呼声，宣传政策方针。2017 年正逢村“两委”换届选举，为了圆满完成此项政治任务，洪溪潞与镇党委沟通交流，积极发挥第一书记职责，顺利完成选举任务。

加强党建，增强责任

强化党建引领第一书记是第一责任人，洪溪潞严把村党支部干部的政治关、廉洁关、素质关，及时发现并把党员中愿干事、干好事、干真事的好党员请出来，为支部组织建设输入新鲜血液，作为驻村第一书记、一名有着 36 年党龄的老党员，一能听取村“两委”班子成员意见，二能向村“两委”传授经验，以“老兵”带“新兵”的方式共同打造党支部队伍。所在的派驻村均被评为先进基层党支部。

发挥优势，收效明显

洪溪潞发挥自己在医院的优势，每年为所在村开展送爱心义诊活动，七年来丽水市中医院党委先后派出义诊服务队近 80 人次，服务村民 400 余人次，免费提供 3 万余元的医疗服务，通过义诊活动方便了村民，解决了村民就医需求，这些做法得到了当地村民充分认可和赞许。

爱心义诊

维护稳定，化解矛盾

驻村期间，洪溪潞真诚对待村民反映的问题，不回避，不推诿，公正提出自己的观点和看法，努力化解矛盾和纠纷，把问题消灭在萌芽状态，维护了社会稳定。通过努力，村民们心平气和，意见少了，给乡村发展提供了良好的安全保障。

加强组织，凝神聚力

由于村庄合并，“一肩挑”村一级班子成员来自不同的地方，工作上难免会出现不合拍、不协调等一些问题，洪溪潞带领村“两委”班子成员到曾经派驻过村第一书记的乡镇考察学习，通过考察学习，村“两委”班子成员更加团结了，关系更加融洽了，工作更加顺利了。

富民强村，服务群众

派驻村集体经济发展都相对薄弱，发展潜力有限，地方偏远，人员稀少是共性，村“两委”干部及村民代表议事会上反映出来的问题都是比较难解决的问题，洪溪潞以多筹资金、多想办法、多跑部门等方式为村民办实事，与干部群众齐心协力，先后完成了村小流域治理、农房改造、精品乡村打造等项目建设，村容村貌焕然一新。

结对帮扶，走访慰问

丽水市中医院近些年共对帮扶村支出帮扶资金 35 万余元，帮扶困难群众 80 人，帮扶困难老党员 80 人，协调帮扶慰问金 4 万余元、慰问品 5 万余元。洪溪潞本人出资助学儿童一名，帮扶精神残疾的患者一名。

回顾担任村第一书记以来的点点滴滴，各项工作有了逐步提高，也得到了组织和群众的充分肯定，下步仍会继续努力，一如既往服务好农村，在农村第一书记的岗位上继续前行，为乡村振兴发挥自己应有的力量！

遂昌篇

党建引领谋共富

——丽水开放大学派驻大柘镇大田村第一书记　傅达华

2022年丽水开放大学傅达华老师再次被选派到遂昌县大柘镇大田村任村第一书记（农村工作指导员），发挥学校“把最精准的教育送给最需要的人”的办学优势，为实施“乡村振兴，实现共富”战略注入新动能。

组织走访慰问困难党员群众

近年来在党的政策指导下，在干部群众的共同努力下，大田村以一二三产业融合升级为契机，优化产业结构，转变经济发展方式，大力发展民宿、茶产业和乡村休闲旅游业。村里各项事业全面发展，各类荣誉接踵而至，先后被评为省级民主法治村（社区）、浙江省卫生村、2022年浙江省乡村振兴示范村等。

作为市派驻遂昌县大田村“第一书记”和党建“第一责任人”，傅达华落实全面从严治党的相关要求，坚持政治信仰，增强党性修养，坚守责任担当。一是先后两次邀请丽水开放大学党委书记、校长叶伟勇为大田村全体党员作“党的二十大精神”及“省十五次党代会精神”宣讲，使全村党员能够清醒认识到作为村庄主人翁，要自觉提高党性修养，增强在党意识，激发村民积极为建设美丽乡村贡献自己的力量。二是积极组织丽水开放大学行政支部到大田村开展联合主题党日活动，共创美化村庄环境建设。三是傅达华经常在村里帮助村民纾难解困，一有时间就下田头地间帮有困难的党员、村民干农活，中午、晚上还经常跟村民唠家常，宣传党建知识、国家发展政策，使村民们更深入理解党的二十大报告精神。

傅达华牢记村第一书记和农村工作指导员的岗位职责，大力推动民生工作，扶持发展富民产业。2022 年，全村先后完成了文化礼堂修缮工程、一米菜园和公路两岸绿化提升工程、景观太阳能路灯工程、农产品展销中心工程，并立项了自然村饮水提升工程及光伏项目工程，极大提高了村民生活质量，营造了浓厚的乡村文化氛围。经过村“两委”的不懈努力，带领大田村民发展共富，目前大田村是全国首个 GEP、GDP 双核算村。

调研活动

同时，根据为群众办实事、做好事的原则，傅达华所在的丽水开放大学党委、行政支部于春节、“七一”期间到村慰问老党员和困难群众，并发动全校党员捐款捐物、进村认领微心愿等。2022 年学校落实帮扶资金到村集体，把关怀和温暖送到困难群众的心坎上。

傅达华已在大田村用脚步丈量初心，用汗水浇灌使命，用行动践行着驻村第一书记的使命与担当，用热情与坚守诠释着他对农村工作的情怀与执着。

松阳篇

点亮心灯

——丽水中等专业学校派驻西屏街道九村村农指员　李征宙

绵绵的阴雨足足下了一个星期，似乎还没有停止的迹象。下午的班子会议讨论“一肩挑”选举工作事宜，直到晚上 6 点 10 分才结束。走出会议室，昏暗的天空依然淅淅沥沥，空荡荡的食堂也就驻村书记李征宙一个人在匆匆地扒着冷饭，两个驻村干部都在办公室等着他一起下村会同村支书修改“张榜招贤”公告。

夜访老支书

15 分钟后，在简陋的村会议室同老书记讨论下一任“一肩挑”任期内“五有 +X”工作目标。晚上 7 点 30 分，按照白天的计划，去走访一批老党员、入党积极分子和贫困户。

第一站，一行四人驱车到下马坑自然村老党员肖关明家。这位 70 多岁的老党员思想觉悟很高，多年来在炎热的夏天日夜坚守下马坑电灌站，为全乡抗旱立下汗马功劳，多次受到县、市级政府表彰。

夜访困难老党员

走进老肖的家，一盏昏暗的节能灯照着一间低矮简陋瓦房，主人家端上热气腾腾的热茶让人感受到乡亲们的热情，也让李征宙的心在一片暖意中生出点点酸楚。农村人勤劳勤奋却挣不到钱，说他贫穷吧，算不上，说他富裕吧，也的确不富裕。这里的村民生活并不是像某些品着咖啡吃着大餐的“阳春白雪”抒发“乡愁”的那般浪漫。这位敦厚质朴的老党员话不多，总是那么朴实。老肖对第一书记提议的“一肩挑”工作非常支持，希望我们把能干事、会干事、有公心的年轻党员推到第一线，担起全村经济发展的重任。

走出老肖的家，前面几十米就是一家结对贫困户。光线昏暗李征宙脚步差点踩空，心惊之余打开手机电筒，才看清这条小路傍着一米多宽的水渠。

过去，来来回回走访，感觉这里很美好：“小桥流水，村民的生活真是富有诗意。”此刻，摸黑走却让人步步惊心。漆黑的夜晚没有一丝灯光，水渠张着血盆大口随时准备吞噬人们的生命。询问了几户村民，才知道这条小路边的水渠多年来因为没有路灯，不知道“坑”了多少村民。因为居住在这条路旁的村民都是处于贫困边缘，靠自身无力解决，多次向村里反映需要安装路灯，却总是议而不决。

是该来一次“现场办公”了！李征宙让跟随的村主要干部看一看周边环境，议一议感想。问他们这里来了几次，这盏小小的“点亮工程”什么时候解决。这绝对不是安装一盏普通的路灯，而是点亮心灯。我们干部做人行事不能有一种居高临下的施舍，要有一种发自内心深处的光芒去照亮别人。一盏小小的路灯就是一盏心灯，它不仅会照明某一个村民，还会影响周围一大片，许多晦暗失意的心也会跟着被照明，村民渴望与我们干部的心灯同行。

第二天上午，当他再次回访时，一盏路灯已是悬挂在那里，虽然简易却也暖心。

回顾昨日，让他感受到：与村民的交往就是要想方设法去点亮心灯。这一切其实不难，不需要花费多大力气，只需一颗平和的心，用心来感受一切，很多时候都会是开心的，哪怕是一次无意的邂逅，一回真情的握手，一次倾心的交流，都会让人心情愉悦，都有意外的收获。

松阳篇

集智聚力　赋能乡村共富

——丽水市住房公积金管理中心派驻裕溪乡小槎村农指员　陈志和

2022年1月，丽水市住房公积金管理中心驻村干部陈志和到松阳裕溪乡小槎村开展工作。陈志和作为一名新任市政协委员、农工党党员，依靠市政协、农工党组织以及单位的力量，运用资源，汇聚广泛的力量，携手助力乡村发展。

踏实沉下去，谋划乡村工作

在松阳农村指导员大会召开后，她第一时间到裕溪乡政府报到，全面了解乡发展规划，对接结对村情况，交流自己现有的资源与帮扶规划，为开展工作打下基础。深入农户，开展慰问走访活动，熟悉村庄、村民情况。当好联络员，联合单位与结对村开展主题党日活动，积极申请单位帮扶资金，争取尽早给付，解决村庄道路、监控设备等项目资金缺口，提升村里党建和社会治理工作。争取党派支持，把小槎村列入农工党社会服务基地，农工党各支部到村开展活动，谋划村庄发展，为村民增收创造条件。

了解春茶情况

共话发展经，委员赋能共富

陈志和通过对小槎村情况进行深入调研后，利用市政协委员和农工党党员身份，用好组织的平台，积极为该村共富代言。在市政协大会上陈志和作了《建设华东水塔，润泽江浙百姓》的大会发言，建议加大水资源的转化，助力乡村共富。在市政协大会小组发言、推动山区 26 县高质量发展专题协商会、高水平建设未来乡村民主监督等活动中，建议依托强村公司培育可持续发展的产业经济、市场化标准化发展产业，结合小槎村以及整个松阳县油茶产业的发展状况，开展油茶产业发展课题调研等，为乡村发展积极发声，提升社会各界对乡村发展关注度。

走好产业路，汇聚合力发展

乡村要发展，产业是首要。在立足区位协同发展上做文章。陈志和联系协调丽水市农投公司和丽水山耕梦工场公司为小槎村做大做强主导产业提供帮助，使裕溪泡豆腐走出了标准化市场化发展道路。与隔壁内陈村第一书记共同谋划发展，邀请了农工党员、乡村规划设计专家、丽水学院博士战杜鹃一行到裕溪乡各村调研，对靄溪村红色未来乡村项目规划进行实地调研和交流探讨。融入一体化发展，挖掘文旅资源，利用刘基文化底蕴，与邻近象溪一村研学项目对接；依托村里油茶工坊、刘基文化园、绿道等各研学点位，整合资源融合发展；同时纳入裕溪乡统筹谋划，靄溪红色资源、小槎廉政文化、内陈畲族文化、木岱坑客家文化统一文化旅游开发，来促进村庄共富。在深挖资源务实发展上做文章。盘活村庄河道使用权，村河流中野生石斑鱼、马口鱼众多，通过村“两委”讨论后经程序承包给专人经营，用于垂钓等，既增加了村集体经济收入，又解决了河道监管难题。积极接洽拓宽增收渠道。为增加村集体经济收入，投资松阳赤寿不锈钢仓储物流（贸易）中心项目，助力村集体增收。利用农工党党派资源，结合村庄水资源优势，对接水产养殖专家谋划水产种苗繁育和水产养殖产业。

组织考察调研活动

查看村庄河道养殖情况

与村干部谋划发展

“乡村发展需要持续关注，久久为功。当下还是着眼于现有资源和当地实际，踏实做好每一项工作，让村党组织强一点、村民腰包鼓一点、村集体富一点、村环境美一点。真心希望有更多的力量能汇聚到乡村发展中来，让农村农民共享发展成果！”陈志和说。

松阳篇

谋乡村共富之路　当群众贴心之人

——丽水市委党校派驻四都乡西坑村农指员　谢卫平

驻西坑村的农村指导员谢卫平来自丽水市委党校，自小生活在农村的他，对乡村有种天然的亲切感，自踏上西坑村的那天起，角色转换是那样自然。在走村串户开展调查研究、熟悉村情民意的同时，他就确定用新理念建强村班子、新业态发展村经济、深感情为民服务作为自己的工作重点。

开展“村校联动，强基共富”联谊活动

建强村党组织，发挥党员先锋模范作用

谢卫平长期从事党史党建的教学和研究，知道建强党组织，发挥党员

先锋模范作用是发展好农村的首要前提。来到西坑后，他特别注意增强村党组织的凝聚力和提高党员的综合素质，经常与村“两委”成员一道商讨村中事务，给全体党员讲授《中国共产党章程》《中国共产党支部工作条例（试行）》《不忘初心　牢记使命》等课程，组织宣讲二十大和省市党代会精神，为坚定党员的理想信念、筑牢廉洁底线、牢记为民服务等方面“补钙壮骨”。

为最大限度发挥农村指导员和派驻单位的优势，谢卫平及时向单位请示对接，组织开展“村校联动，强基共富”联谊活动，加强两地干部思想交流，邀请党校的经济、文化、法律、党建等领域的专家学者来到西坑，为西坑村的发展出谋划策，在产业结构再优化、民宿经济再提升、基础设施再完善、乡村文明再提质、村容村貌再美化、游客智慧再利用等方面建言献策，为西坑村今后发展指明了方向。

抓好民宿经济，盘活村集体资产

西坑村始建于明代，坐落在海拔 640 米的山顶台地上，坐西朝东，是松阳典型的台地式古村落，有着“中国最美乡村”美誉。依托良好的生态环境，“过云山居”“云端秘境”等精品民宿先后入驻西坑村，为西坑村的发展带来良好的经济和社会效益。随着社会转型加剧，民宿经济竞争也日益激烈，加上近年疫情影响等，出现游客量减少、经营面临压力等状况，民宿外溢效应逐渐弱化。面对这些困难，谢卫平多次与村“两委”、民宿业主一起座谈交流，按照业主要求，谢卫平积极向上级争取政策支持，探寻再发展、共合作途径；开展村庄道路硬化、环境美化、加修排污管道、加大宣传力度等软硬环境的提质，为民宿发展提供最优服务。经过多方努力，“过云山居”得以续租并涨租，仅这一项每年就为集体经济增收几万元，也盘活了其他集体资产，带动了村民自主创业，民宿经济重新焕发出新的活力。

参与志愿服务活动

当好群众贴心人，提高村域治理水平

谢卫平深知当好群众服务员、村民贴心人是每个农村指导员的神圣使命，让群众真切感受到党和政府的关怀与温暖是农村指导员的价值追求。每个月，村里的两位困难群众会热切地盼着农村指导员的到来，每次一来，指导员都会和他们倾心交谈，了解日常生活，嘱咐她们多保重身体，指导员带来的是暖心话语，送去的是生活希望，每当看到他们脸上欣慰的笑容与对党和政府的感激之情时，谢卫平心里就有说不出的高兴；在村头那棵大树下，村民们也会时不时看到指导员与阿婆们唠些家常，偶尔，也有村民会向指导员倾诉生活中的些许不快，谢卫平成了耐心的听众，成了他们生活的导师，也成了他们的贴心人。

松阳篇

细微融入　破题“三农”

——丽水学院派驻裕溪乡内陈民族村农指员　顾勇冰

“可以先从细微处融入，赢得村民们的认可，农村工作开展就会逐渐变得顺利。”松阳县裕溪乡内陈民族村农指员、第一书记顾勇冰博士谈自己工作体会。

从到内陈村报到的第一天，顾勇冰就开始了村情民意调研。与村联系干部、驻村干部、村“两委”座谈，了解了内陈村的畲族民族特色、省3A景区村、疫情前后民宿产业从兴旺到萧条的困境等基本情况。然而当尝试与村民沟通的时候，却听不懂方言、讲不来土话，聊不上几句。工作局面打不开，初期的满腔工作热情犹如被迎面泼了一盆冷水。面对困境，

了解茶叶炒制工艺和茶叶收成情况

顾勇冰没有心灰意冷，而是整理思路，多方寻求帮助，寻找农村工作新的切入点。与村民言语不通，就带上网格员当翻译，在村头、凉亭、路边，一起和村民聊天，普通话中夹带一两个土语词，拉近与村民的距离。以对接低保困难户为契机，走家串户，带一点牛奶粮油等生活必需品，送上一笔慰问金，了解村民的实际困难，宣传党的乡村振兴和共同富裕方针政策。走访乡贤，促进先富乡贤带动全村发展。组织与参加村党支部主题党日活动，与在村党员共同学习党的理论知识，共商村事，共谋发展。

走访慰问困难群众，了解村情民意

作为丽水学院派出的农村工作指导员，顾勇冰明白自己不是一个人在战斗，还有背后高校人才智力和专家团队的优势。通过前期调研掌握的内陈以及裕溪乡各村都存在的油茶收成不稳定、茶业品种需更新、板栗林老化减产等农业技术短板，农旅民宿产业受疫情冲击等经营管理问题，顾勇冰动员丽水学院的博士同事组建专家团队，挂牌成立了裕溪乡博士工作室。博士专家团队涵盖了农业种植、乡村规划、农旅经营等领域，共同为裕溪乡的乡村振兴和共同富裕献计献策。博士团队立足乡村振兴，以松阳县第一个党组织遗址为中心，辐射全乡，对裕溪乡的红色未来乡村建设完成了整体性规划，相关的建设在整体规划框架下逐步展开。

大项目开展有困难，顾勇冰就首先着眼细微处，设身处地，为村民解决实际困难。对接的低保户兰仁根养了十几箱土蜂，2022 年有 50 多千克的蜂蜜收成，由于疫情销售不畅。顾勇冰就在同事微信群里进行助农销售宣传，帮助兰仁根还有村里其他养蜂农户解决了销路，获得了实在的经济收益。村民自己种植的生态土茶，品质优良，囿于外观品相一般，总量不大，没有什么销售渠道。顾勇冰就把村民的茶叶样品带回单位，邀请同事品茶，帮助村民推销宣传。春茶上市期间，顾勇冰帮助村民推销了生态土茶 50 余千克，村民获得直接经济收益 1 万余元。通过对村民手头主要的农产品板栗、茶叶、蜂蜜等推销，虽然总量不大，但是实实在在为村民增加了收入，村民也逐渐对农指员更加亲近。

驻进群众心田间　帮到群众心坎上

——丽水市中级人民法院派驻安民乡李坑村农指员　魏凯

2019 年，魏凯主动向单位领导提出申请，被选派到松阳县安民乡大潘坑村担任下派指导员。2022 年 1 月，转到李坑村担任农村工作指导员。回首这些年来与村“两委”干部、驻村队员们并肩战斗的历程和向村民群众学习的点点滴滴，他收获了很多新知识，学到了很多基层工作经验，为人民服务的初心更加坚定。

在完成各项驻村任务的同时，魏凯始终保持“低姿态”，经常到田间地头走一走、村子里头转一转、村民家中坐一坐，积极主动与群众打交道，真正了解村情民意。驻村以来，为了便于日后入户开展帮扶工作，他坚持每次入户随身携带发放驻村工作队帮扶联系卡，公布驻村工作队的照片、职务、电话，让群众有事对得上号、找得到人。一次入户中，魏凯发现村里一个老人冻得瑟瑟发抖，随即就将驻村工作队发的防寒被子给老人送去。在不断把自己当成村民的过程中，魏凯与老百姓的心也更近了。

走访关爱困难群众

无论在哪里，魏凯始终把群众的需求作为重中之重。2022 年，当了解到全村种植的 400 亩茶叶刚到初产期，村民自己加工技术差，销路遇到困难时，他积极组织驻村干部、村干部帮助村民代收茶叶，开展茶叶采摘技术、加工技术培训，并通过网络推销、消费扶贫等方式，解决了茶叶销售难的问题，给种植茶叶的农户带来了希望，带来了收益。为加快推进乡村文化振兴建设步伐，魏凯联同村“两委”干部积极向上级争取资金支持，同时发动乡贤回归，助力乡村振兴，争取到乡贤潘明荣助力 30 万元用于李坑村红色文化服务中心建设。在相关部门的大力支持下，文化礼堂建设按时竣工。昔日令人“愁”的荒草地，现在变成让人“乐”的休闲好去处。前两年受疫情影响，李坑民宿生意惨淡，进入了瓶颈期。魏凯与村“两委”干部、民宿业主多次召开座谈会，提出抱团整合资源共同发展，形成了以李坑村为圆心，邻边村庄为圆周的民宿发展共融圈。全乡域共建设有民宿农家乐 33 家，床位 528 个，餐位 1 290 个。李坑村被评为省级农家乐特色村并成立了村民宿协会，被县委、县政府列为民宿发展重点村，李坑村成功创成丽水市第四批精品农家乐综合体。

与村干部共谋发展大计

要实现乡村振兴，首先要组织振兴，魏凯会同村党组织严格落实党员“三会一课”“主题党日 +”“党组织活动”等组织生活制度，积极开展“五星创建、双强争优”活动，进一步创新党组织活动方式。为增强村党支部活力，牵头组织丽水市人民法院党支部联合开展主题党日活动，竭力构建“资源共享、优势互补、互相促进、共同提高”的党建工作新格局。积极发动群众参与党员志愿服务活动，进一步增强了党支部的凝聚力和号召力。推行“网格化”治理体系，组建治安巡逻服务队、法治宣传服务队、纠纷调处服务队、环境治理服务队、应急处置服务队、爱心公益服务队 6 个志愿服务队，进一步凝聚起基层社会治理合力，保障了全村大局和谐稳定。

参加主题党日活动

松阳篇

农指工作我先行　改造旧村换新貌

——丽水市银保监分局派驻水南街道程徐村农指员　陶丹红

从2022年年初至今，陶丹红被派驻到松阳县水南街道程徐村至今已经有一年半的时间，相对于其他结对村而言，程徐村地理位置优越，距离县城只有大约2千米的路程，距离水南街道办事处大约1.5千米。无论是村庄本身的地理位置，还是行政区划位置，都具有得天独厚的优势，但是除去村里的一些茶园、山地承包出租外，程徐村缺少可以获取经济收入的产业和资源。同时，该村因为历史遗留问题，旧村改造是近几年村委迫切需要完成的工作，作为程徐村的农村工作指导员，陶丹红始终谨记来村工作的初心，坚持以乡村振兴战略为指导，全面推进程徐村旧村改造工作。

丽水市银保监分局领导到程徐村座谈调研

在驻村工作期间，陶丹红指导并参与了程徐村以下旧村改造基建工作：蚕厂周边配套用地完成路面硬化、龙泉路旧村改造安置区块主要道路完成填方铺设、公墓二期工程验收合格。青龙渠程村（杨柳河）桥面提升、会议室旁供电线路迁改工程立项，排污终端提升项目已立项发包。蚕厂重建工程结余砂石料拍卖完成，为村集体增收 6 万余元；蚕厂大楼开始进行整体招租发包，将获取每年 15 万元左右的房租作为集体收入；建设用地复垦项目完成，为村集体增收 10 余万元。

加强党员队伍建设，缓解党员老龄化。2022 年上半年吸收两名入党积极分子，转预备党员 2 人。驻村工作期间，丽水市银保监分局局长到程徐村宣讲二十大精神，进行主题党日讲课，通过松阳银保监组牵线，与松阳农商银行水南支行签订党建联建协议。

以村建为旧村改造抓手，优化程徐村本村环境。完成旧村改造新农村建设批房 22 户，村集体收入约 100 万元，用于投入征地、排污、道路硬化等建设。完成村内排污提升建设项目，取得突出成效。2022 年度村庄卫生保洁工作的落实，开展常态化党员义务保洁工作，使村容村貌发生重大变化。

访苦问贫，走访慰问低保低边户

以帮扶改善程徐村村民生活。年度指导员经费用于春节访苦问贫，发放慰问品，为低保低边户提供物质帮助，送去温暖；市银保监分局本年结对帮扶费用及时落实打款到账，用于村组基建发展；联系慈善捐助。通过郑基实局长牵线，杭州众安慈善基金会向程徐村捐助慈善款 10 万元，用于村内道路改造建设项目，极大地改善了村民生活环境。

牵线搭桥对接杭州众安慈善基金捐赠仪式

驻村工作期间，陶丹红参与了程徐村党建、基建、村建、对口帮扶等旧村改造工作，也对驻村指导工作有了更多的体会和感受。作为一名农村工作指导员，应该深入了解村庄本身的基本情况，与农民群众保持密切的联系，亲力亲为完成每一项具体工作。

松阳篇

医院帮扶三部曲

——丽水市中心医院派驻象溪镇金钟村农指员　叶小冬

2022 年 1 月，叶小冬受丽水市中心医院指派，赴松阳县象溪镇金钟村担任农村指导员。虽然之前有丰富的工作经历，但担任农村指导员对他来说还是第一次，是一次全新的挑战。初入金钟，叶小冬便开始着手了解村里的基本情况，走访困难群众，调研村里的产业项目。

突出生态，谋求发展

金钟村位于松阳县城的东南方向，由多个自然村合并而成，村民约 800 人，三分之一为畲族，是典型的畲汉混居村。村里低保户较多，集体经济薄弱，村民收入主要靠务农。村里有茶叶 520 亩、山林 10 600 亩。另外，村里于 2020 年引进养鸡项目，在山林间放养土鸡。

商讨帮助村里打开农产品销路

入村工作后，叶小冬便开始潜心思考金钟村经济发展的优势，常常与村“两委”成员促膝长谈，分析寻找适宜的经济增长点。金钟村地处中低山丘陵地带，平地面积少，林地资源丰富，周边没有工业，这使其保持了优异的生态环境。随着百姓生活水平不断提高，人们对高品质的农产品需求越来越大，可以利用金钟村丰富的山林资源和优质的环境优势深入发展高品质农产品。

搭建桥梁，助农销售

金钟村出产的农产品有茶青、山茶油、土鸡、土鸡蛋、蜂蜜等，其中茶青已有成熟的市场进行销售，其余农产品则需要农户依靠自身进行售卖。如果能帮助村里在市场上打开农产品的销路并形成稳定的销售模式，就能同时增加村民和村集体的收入。

村里的农产品虽然品质很好，但酒香也怕巷子深，上市销售并非易事。首先，面临的是没有适宜的销售平台；其次，是顾客对农产品品质的信任问题；其三，各产品得符合国家的政策法规要求；此外，还有诸多销售细节需要解决。

丽水市中心医院有职工 3 000 余人，如果能在金钟村和医院职工间建起信任的销售桥梁，定期开展帮扶助销活动，将是件对双方都互利共赢的好事。叶小冬多次与医院党政办、宣传统战处、工会、食堂等部门协调讨论，选定土鸡蛋作为助农销售的突破口，采用预定的方式先行开展销售工作，后续，叶小冬又将助销的农产品扩大至土鸡、土蜂蜜、山茶油等。为使金钟村的农产品尽快得到广大职工的认可，叶小冬与医院党政办、宣传统战处、工会一起进行头脑风暴，分析讨论村农产品的优势。多次往返不同的土鸡放养点拍摄饲养环节，与村民一起采摘油茶果实，实地探访并为村里生产茶油的企业拍摄生产工序，并将以上素材进行整理，制成朴实生动的宣传材料，通过多平台发给广大职工，达到了很好的宣传效果。

为促进金钟村农产品的销售，叶小冬与医院食堂协调开通了专用收款账户，以便能让职工刷饭卡消费。由于医院 24 小时运行，职工作息时间各异，且医务人员工作忙碌，故预定的农产品往往不能按时来取。每期助销活动，叶小冬都会在现场等候，直至最后一名职工取货后再离开，常常连饭都顾不上吃。当日不方便取货的职工，叶小冬也会与其本人联系，将农产品送至其科室或家中。每期助销活动结束，叶小冬还帮助村里汇总销售清单，结算货款。帮扶助销没有中间商，零差价，让农户和村集体获得了实实在在的收益。

组织开展帮扶助销活动

发挥优势，医疗帮扶

作为丽水市龙头医疗单位派出的指导员，村里百姓就医遇到难题都会联系他，向其询问需要就诊的科室，让其帮助预约；有些村民也会直接发图片给他，让其帮助寻医问诊；对来到丽水市中心医院就医的困难群众，叶小冬也会充当向导，陪同其就诊。

为更便捷地向村民提供医疗服务，特别是面向村里行动不便的老人，叶小冬利用单位优势，并根据村里需求，组织协调医院相关学科的专家团队赴金钟村进行义诊，为村民提供家门口的医疗服务。

组织开展义诊活动

叶小冬说："农村指导员的工作，是为群众办实事的工作，是助人为乐的工作。农村工作学无止境，还有很多需要学习的地方，接下来，我将继续努力学习，边学边干，争取将指导员工作做得更好。"

尽心谋事 倾情服务 为乡村振兴贡献智慧和力量

——丽水市农业农村局派驻叶村乡松山村农指员 陆君

2022年初，陆君被派往松阳县叶村乡松山村担任农村工作指导员，任松山村第一书记。作为一名从事农业技术工作的老同志，从进村的第一天起，她就以满腔的热情和务实的作风投入到工作中去，在近两年的时间里，为村民增收和集体经济发展贡献了自己的智慧和力量，展现了新时代新农人的新风采。

刚开始的一段时间，陆君几乎每天都在村里。一方面通过参加村“两委”会、村民代表会，了解村里基本情况；另一方面深入农户搞调研、摸实情，与村民拉家常、交朋友，听群众说真话、实话。掌握第一手材料后，邀请有关专家上门调研，为当地经济发展把脉定策。

近两年来，她认真谋划项目，积极争取各部门110万元项目扶持资金的支持，促进农民增收，助力乡村集体经济发展。一是2022年3月3日，市农业农村局经管处处长苏明组织有关专家到松山村调研，现场实地考察，听取村“两委”汇报，最终落实了扶贫项目资金50万元，用于投资光伏项目，每年为村集体经济带来近8万元增收；二是积极谋划村食用菌共富基地建设项目，为盘活松山村20余亩闲置荒滩土地资源，2022年6月跟县财政局对接，争取项目投资39万元，县财政补助20万元，市派指导员补助资金10万元，将为村集体每年增收5万余元；三是2023年4月继续与县财政局对接，盘活松山大荒田自然村20余亩菜园地，争取食用菌共富基地建设项目，总投资43万元，县财政资金补助20万元，为村集体每年带来5万余元增收；四是2022年为松山村组织申报了“2022年度优秀村级集体经济发展项目”，争取优质待扶持村资金 10 万元。

自从来到村里后，陆君指导村民积极挖掘村里优势项目，充分利用“非粮化”整治工程、农村抛荒土地复垦等政策，保障粮食种植一季的基础上发展香菇、雪菜、小番薯等经济作物轮作，增加农民收入。2022 年松山村与县供销社签订协议，冬季种植雪菜 15 亩，3 月通过验收，平均亩产量 3 750 千克，成本 500 元，亩利润 2 600 元。2023 年 3 月 29 日松山村跟遂昌县石练镇蔡相翠谷农业发展有限公司签约合同，双方合作在松山村发展迷你小番薯，试验面积 5 亩，9 月通过验收，平均亩产量 1 100 千克，效益较好。

技术人员到松山村调研项目

关注民生。陆君通过走访村民代表，掌握村民所思所想所虑所盼民生实事，为松山村解决了民生实事项目和基础设施提升工程：一是大荒田自然村—河头村路面破损严重，村民出行存在安全隐患。经与交通部门对接，对其中 500 多米用沥青进行了铺设，同时结合村庄环境整治，对村内主干道零星破损地段也进行了修复。二是松山村后塘堰拦水坝修复，共修复拦水坝 60 多米，有效保障了该区块的农田灌溉。三是松山村朱卜坑水患治理项目，2021 年开始施工，到 2023 年完成竣工验收，该工程总共修缮水渠 700 多米。

党的二十大报告宣讲活动

陆君的结对帮扶对象是叶村乡叶家村的两户低收入农户叶金荷和潘金根，在第一次上门结对时，她就拿出了 300 元钱买了米和油进行慰问，以后每月走访一次，并根据实际情况和他们的需求进行有针对性的帮扶。

2022 年 12 月 14 日，陆君同乡、村主要领导一起走访了村 19 户低保户，用自己的 3 000 元工作经费买了米和油进行慰问。

2023 年 1 月 14 日 ，陪同市农业农村局分管领导一行到松山村慰问了 5 户困难户，送上了慰问金和礼品。

这些扶贫济困慰问活动，虽然不能从根本上解决低保户的生活困难问题，但也使困难群众体会到来自党和政府的温暖，促进党群关系协调和社会和谐。

松阳篇

金融赋能　助力乡村振兴

——工商银行松阳支行派驻西屏街道西坌村农指员　丁维明

丁维明于2022年初被选派到西屏街道西坌村担任驻村指导员，一年来，他结合自身特长，通过金融服务入村，为村庄经济发展注入新的活力。

西坌村是一个茶产业大村，村内百分之九十以上农户从事茶叶种植、茶叶加工等茶产业工作，现有茶叶加工作坊十余家。另外，西坌村还有从事食用鳖养殖产业，现有基地7个。农户贷款难、融资难等问题一直困扰着西坌村的产业从事者，成为阻碍产能扩充、产业升级的一道壁垒。

怎样凝聚各方合力完善金融服务、加大融资供给？如何打通农村金融“最后一公里”，有效发挥金融“活水”的作用？通过实地调查、走访农户等方式，丁维明组织所在单位工商银行松阳支行，围绕巩固拓展脱贫攻坚成果同乡村振兴有效衔接这一主线，探讨出有针对性的金融入村、助力乡村发展的驻村工作方案。

考虑到茶叶盛产期间，村民忙于采茶制茶且出行不方便，工行松阳支行积极协调便携式设备资源及人员保障，驱车上门为茶农办卡，收集贷款资料，解决茶农资金需求，为茶农办理业务提供了极大的便利，真正打通金融服务的“最后一公里”。针对有劳动能力和生产经营意愿的群体，出台差异化信贷政策，依托工商银行总行的“工银兴农通APP”，聚焦农村“金融、生产、政务”三大场景运用，满足各类涉农主体的多元化金融需求。

针对茶农金融知识欠缺，缺乏利用金融工具意识，不熟悉借助金融资金发展生产的情况，通过组织工行工作人员入村宣传、现场解答疑问、结合村庄会议进行宣讲、村民微信群在线答疑等方式，开展金融宣讲、普及金融知识、对接金融服务，促使利用金融工具促进经济发展的理念慢慢深入人心。同时，为进一步践行社会责任，维护金融消费者权益，松阳工行通过联合驻地派出所面向村民展开防范非法集资、反诈骗等知识宣传，切实提高村民保护自身财产安全意识。

开展防范非法集资、反诈骗等知识宣传

整村授信，金融活水助力特色产业发展。“整村授信”业务是以信用村建设为基础、以行政村为单位、以大数据为支撑、以“网格化管理”为模式开展的信用贷款产品，面向村民提供批量授信，有效缓解茶农无抵押贷款的难题，降低涉农主体贷款成本，而且将“守信用信”的文化根植在乡村，强化群众诚实守信意识，促进农业地区信用与经济良性互动。

招商引资，金融合作盘活集体土地资产。针对西坌村村集体经营性收入低、消薄项目少的情况，丁维明积极运用客群资源开展招商引资，协同街道强村公司，引进产业投资项目，通过倾斜信贷资源、配套金融服务等优势，吸引企业入驻西坌村，开发村庄闲置集体土地，把资源变为资产、把资产变为资本。经过努力，目前上海一农业公司的非粮化耕地垦造高标准农田项目，已成功落地建成并逐步投产，为村集体带来长远的潜在收益，同时，实现了土地资源的进一步优化。

松阳篇

全面推进乡村振兴，关键在党。为深入贯彻国家乡村振兴战略目标，进一步激发党组织活力，引导党员干部更加贴近群众、服务群众，工行松阳支行党总支联合西坌村党支部积极探索党建与乡村发展互促互赢、融合发展新格局，开展“党建引领聚合力，金融赋能惠民生”为主题的党支部结对共建活动。在经验共享、业务共促等方面加强合作。通过定期联合开展结对共建活动，一方面强化村党员干部的金融知识，另一方面利用好工行的优惠政策产品，为村民融资提供便利，通过金融赋能，普惠民生，切实把党的组织优势转化为助力西坌村高质量发展的工作优势。通过党建结对共建活动，进一步搭建和拓宽为民服务平台，主动研究村民金融需求，构建乡村金融服务新格局，持续推进双方党建结对共建，以“凝聚党心，服务群众”为目标盘活党建引擎，为助推党建工作高质量发展注入“红色动能”。

党建结对共建活动

以文化雨润象溪

——中共丽水市委宣传部派驻象溪镇象溪村农指员　叶笑菲

2022年1月，叶笑菲受组织指派，从丽水市委宣传部到松阳县象溪镇象溪村担任第一书记。当她怀着忐忑的心情，走向山环水绕的村庄，深入泥泞鲜活的农村广阔天地，才发现农村指导员的路上，风雨和彩虹同在，磨砺和收获并存。

古风新韵传文脉

象溪村有1 300多年历史。这里曾出过6位进士、5位举人、85位秀才；宋代理学家朱熹曾在这里驻足讲学；中国第一代飞行员高自元、高威廉叔侄，从这里走向英勇抗战为国捐躯的光荣之路……如今，象溪村内仍有保存完好的文昌阁、社公殿、元坛庙及高家祠堂等古建筑。素有“千年古村落、处州进士村、朱熹讲学地”等美誉。

叶笑菲来到村里发现，虽然象溪有深厚的文化底蕴，但是并未能很好转化为经济优势，尤其是前几年基础设施建设造成村集体连年负债，干部群众发展信心相对不足。她决定从文化引领入手，组织摄制专题片《厚植家国情怀，品味古韵象溪》。同时多方筹集资金11.8万元，组织全市文化精英创作村歌《回到象溪》，摄制MV，优美的音乐声中，一个古朴典雅的千年古村，以及村庄里动人的故事，以MV、专题片、短视频的形式，在“学习强国”等各大媒体平台传播开来，激发了村民的自豪感，激起了游客争相一睹的热情。

用现代手段重新演绎的古老的村庄故事，产生了强大感染力。许多年轻人产生了回乡创业的念头；村里的高家毕业生，立志要追寻先辈足迹报考空军。这一份份热情，激发了象溪村干部群众的信心和创业干劲，成为象溪村迈向振兴之路的强大精神动力。

融山汇水新业态

乡村振兴，产业为根。象溪村虽然地处交通要塞，资源禀赋独特。但原来产业较为单一，民宿农家乐小而散，加上疫情影响，经营普遍不景气。

如何依托当地优势，因地制宜引进合适的项目，带动人气，推动旅游业发展，成为叶笑菲思考的头等大事。经过村“两委”干部讨论，她引进了研学领域知名的浙江思戴爱姆教育科技有限公司入驻象溪，利用象溪深厚的历史人文，以及独具特色的山、水、林、田、园自然资源，开办青少年研学基地。叶笑菲带领村干部赴桐乡乌镇、景宁毛垟、莲都老竹等地，参观新兴产业、学习先进经验，为拓展象溪新业态打下基础。

同时，叶笑菲将一系列特色活动带到象溪。全市社科普及周启动仪式在象溪村举办，开展了人文讲堂、非遗展示、文艺表演、医疗诊询等多项广场咨询服务。联系莲都区大港头镇党员干部到象溪村开展“瓯江水 共富源”党建联建交流活动，建立互学互助合作。还联系浙江工商大学，吸引 50 名师生驻村开展一周的暑期实践调研，以研学基地带动的新兴业态已初具雏形。

文化之雨润泽长

乡村振兴，文化为魂。叶笑菲重点在村庄历史文化的体系建设和价值延伸两个方向下功夫。依托原有的历史遗存，策划创作了旋律优美、歌词振奋的村歌，拍摄了画面震撼的 MV、宣传片，出版了连环画《高焕然》，多方位、立体化讲好村庄故事。同时，一部与丽水高校合作、展示象溪古今胜迹、名人乡贤、耕读文化的《象溪故事》，正在整理创作中，随着书籍的出版和人文产品的诞生，相信将对象溪村历史文化有一个全景式的深入展示和提升。

为将文化成果转化为现实和经济价值，叶笑菲先后促成象溪镇与浙江工商大学旅游与城乡规划学院、丽水学院、丽水职业技术学院、丽水中专等签订合作协议，充分利用外部资源，深入开展象溪的乡村治理、文化研究、村史研究、融合发展等方面研究和人才交流与合作，在技术服务和政策咨询等方面发挥智库作用，镇校企村共建共享共发展。通过文史专员的考证，为象溪村增加了三位南宋进士。丽水旅行社协会为村居发展设计旅游线路，并纳入职工疗休养站点。中国摄影百县联盟将摄影家采风活动带进象溪。各类特色活动助力研学基地、社科普及基地、爱国主义教育基地、疗休养基地的创建，2022 年获得了“丽水市清廉村居引领村”的称号。古老的村庄，正在绵长的文化之雨润泽之下，焕发出新的活力。

组织考察学习

却顾所来径，苍苍横翠微。一年多的农村指导员生涯，在象溪的土地上留下了叶笑菲的足迹。未来，她表示将一如既往关注象溪，继续为象溪迈向“绿色共富”尽心尽力。

松阳篇

以“三个聚焦”推动民族村共同富裕

——丽水市委统战部派驻板桥畲族乡桐榔村农指员　李振

2022年6月，李振受组织委派，到松阳县板桥畲族乡桐榔村担任农村指导员。桐榔村作为一个民族村，对他来说有着特殊的感情和意义，他下定决心，要为村庄的建设发展贡献自己的力量，要让这个民族村提前搭上共同富裕的快车。

聚焦民生保障，落实群众期盼

之前有过在乡镇工作的经历，让李振深刻感受到，做好农村工作，最重要的一个字就是“勤”。他把“勤”字牢牢记在心中，一方面不厌其烦地向乡镇联村领导干部、村“两委”干部请教学习；另一方面放弃许多休息时间，走村入户，与村民聊天、拉家常，了解村情民情，为群众解决实际困难和诉求。2022年10月，他听说村里的农户郑青明因残导致生活困难，便主动送去油、米等生活物资；2023年春节期间，又给村里因残因病而生活困难老人兰元友、兰成达送去了慰问品和力所能及的帮助，虽然给予的帮助有限，但是得到了他们的充分认可。还有一次在村里走访的时候，他听到部分村民反映旧村改造建设的同川小区，到目前为止路面还未硬化，电线未完成半落地，排污管道未完成覆盖，严重影响生活质量。于是他便深入调研了解情况，与乡、村干部一同谋划了同川小区人居环境提升项目，并积极与市农业农村局对接，争取到项目帮扶资金10万元。通过真诚待人、热心服务，很快融入了村集体的大家庭，为群众工作打下了坚实基础。

聚焦基层党建，激发内生活力

农村基层党组织是全面推进乡村振兴的核心力量和重要抓手。李振任职不久后，桐榔村原党支部书记因岗位调整导致村党支部书记位置空缺，缺少了这一骨干力量，初来乍到的他压力和责任变得更加巨大。但是作为村第一书记，他更加以身作则，充分发挥带头作用，带领党员严格遵守支部规章制度，认真执行“三会一课”，积极推进村级组织分类议事决策，要求村集体重大事项必须经党员、村民代表集体决议，不断健全完善民主决策机制。并且进一步规范党员队伍管理，按照把好第一关口、注重质量的原则，做好党员发展工作，任职期间发展了一名优秀年轻党员。他严格落实党的组织生活制度，通过党课、党员活动等形式经常性开展党风廉政教育；他不断加强党员政治理论学习，每个月十五日如期组织开展主题党日活动，组织开展党的二十大精神、省第十五次党代会精神等专题学习。通过基层党建工作的逐步深入开展，村党支部凝聚力进一步增强，思想认识进一步提高，强村富民的内生动力进一步提升。

组织开展主题党日活动

聚焦项目建设，助力增收致富

通过充分了解桐榔村的资源禀赋后，李振觉得，要推动桐榔村的高质量发展，打通共同富裕之路，就要充分结合当地古韵、茶韵、畲韵的“三韵”文化，加强特色项目谋划。于是他主动邀请市民宗局、市文广旅体局等部门到村考察指导，与乡、村干部多次实地调研分析、谋划项目。

组织调研村庄发展

2022 年谋划的“石榴红”家园、同川小区人居环境提升、桐榔文化康养基地人居环境提升等一批项目，通过积极与有关部门对接，争取到省、市民族发展资金和市农业农村局补助资金共计 50 万元；通过借智借力，成功申报全省大学生乡村振兴创意大赛，建立大学生实践基地，带动民宿增收超 10 万元。2023 年又谋划了桐榔村光伏产业增收项目、畲医药研学综合体——畲药膳研发体验中心项目、之江同心·浙丽石榴红——崇觉罗汉茶共富工坊项目等一批新的项目，目前已争取到省一事一议财政奖补扶持打造共富村试点项目资金 400 万元。通过项目建设，2022 年桐榔村集体经营性收入超过 100 万元，入选 2022 年度省级民族村共同富裕示范点。

基层干部的苦与乐

——中共丽水市委办公室派驻东坑镇桃源村农指员　陆江东

东晋陶渊明笔下的桃花源记，描绘了一个宁静安乐的世外桃源，勾勒了一幅理想的田园图景，令人心向往之。地处浙西南山区的景宁畲族自治县，也蕴藏着一处真山真水、如梦如幻的世外桃源。陆江东 2022 年初赴景宁县东坑镇桃源村担任第一书记，有幸在这片世外桃源，边工作边学习，边记录边思考，体会到了乡镇工作的苦和乐。

一是基层之苦。基层之苦，苦在交通不便，苦在工作压力，苦在千头万绪，苦在群众工作不好做，苦在亲朋好友不理解，苦在个人时间不自由。三年新冠疫情，各地严防死守，景宁在高速出入口、云景交界、景泰交界等 18 个点位设置道路卡口，东坑镇龙井卡口设置在温州到丽水的必经之路——G235 国道，全镇 30 多名在岗干部，每天三班倒轮流值勤，守了整整四个月。值守人员全部穿大白，来往卡车一辆接一辆，值守同志既辛苦又危险，还要跟司机费尽口舌，很多人累得连续发高烧。年轻的镇长同志，值守期间平均半月回一次家，只拿一下换洗衣服，有时候连家人的面都看不到。

东坑镇龙井卡口进行外防输入工作

二是基层之乐。基层之乐，有沐浴春风亲近泥土之乐，有披星戴月做通工作之乐，有疏难解困事成满足之乐。能够和老百姓同吃同住话家常，宣讲落实好政策，让群众享受到政策的温暖；能够和老百姓以心交心“结亲戚”、以情换情“交朋友”，帮助他们解决操心事、烦心事。这些都能让乡镇干部发自内心地感到快乐、感到满足、感到欣慰。2022年初，景宁开展村社综合工作大比拼，东坑镇领导、驻村干部、村干部一起上阵，通宵达旦准备材料，制作精美陈述PPT，村民代表当观众，村书记彩排发言，陈述题目是“奋斗正当时·桃源正青春”。最终，桃源在众多明星村中脱颖而出，获得最高荣誉——综合工作示范村。那种干群一心、并肩作战、众志成城的快乐，实在难以用语言表达。

了解葡萄生产

三是乡镇之得。乡镇之得，在于锻炼磨砺，在于学用相长，在于充实自我。以前说“学好‘数理化’，走遍天下都不怕”。事实上，乡镇干部也要学好“数理化”：既要会算经济账，做好招商引资、项目建设；也要会做思想工作，对群众晓之以理，带领百姓致富；还要善于化解、解决矛盾纠纷，调和邻里关系。10年前，桃源村还是一个致富无门的落后山村，2012年，时任村党支部书记吴学芬带领村干部四处学习，敲定全村一起发展水果种植产业；现如今，桃源已经成为远近闻名的畲乡水果沟，每年夏天，数以万计的游客专程到桃源采摘葡萄。桃源村每年举办中国畲乡爱情小镇亲水节，以水为媒、以节会友、以农促旅，水果沟也从单纯的卖水果，发展成如今摘、吃、游、玩全链条生态旅游产业，实现了生态美起来、产业兴起来、农民富起来。

陶渊明笔下的世外桃源为外人所不知，而东坑桃源这一“畲山寨”，如今已蜕变成生态环境优渥、产业兴旺富足、畲汉和谐共富的“聚宝盆”，成为城市人一处绝佳的游玩休憩之所。

景宁篇

大山的叫喊声

——丽水市新闻传媒中心派驻标溪乡处基村农指员　蓝贤平

“并网发电啦”，随着大山里传来村民们这一欢乐的叫喊声，位于海拔800多米高的处基村光伏项目成功并网发电，结束了有史以来处基村集体经济收入零的突破。下图是2019年10月16日，丽水市新闻传媒中心选派的农村工作指导员蓝贤平把光伏电闸并网的瞬间。

光伏电闸并网

2019年7月，蓝贤平来到景宁县标溪乡担任处基村农村工作指导员，村民们习惯叫他蓝指导。蓝指导在第一次深入走访和召开村“两委”会时，发现投资 210 万元的消薄项目村光伏工程进展缓慢，原因是通往光伏基地临时开通的道路被洪水冲垮，工程所需材料无法运进大山里。蓝指导当即组织召开村党员大会，统一思想，制定光伏工程攻坚时间表。连续一个星期带领村党员干部冒着炎炎夏日的高温，协助工程队抢通了 3.5 千米通往山顶的道路，又用了一个星期的时间，把水泥、钢管等光伏材料安全运送到工地。

施工的过程中，蓝指导几乎每周都会来到大山里，每逢周一早晨从丽水出发时，就会购买面包和矿泉水带到工地。遇有险情就带队处置；遇有政策处理，就与村民讲道理，讲经济效益，讲村庄的未来发展。就这样，在蓝指导的亲力亲为下，处基村的光伏项目提前竣工。

如何推进民生实事，确保村集体经济持续增收，是蓝指导驻村以来思考最多的问题。2020 年年初，蓝指导会同标溪乡领导与景宁县有关部门多次协商，争取到政策支持后，回到村里召开村“两委”会议，筹集 100 万元入股一大型企业。到 2020 年年底，仅光伏和股份分红收入就达到 16 万元，到 2022 年年底，村集体经济收入达到 20 多万元。

要致富，先修路，这对其他村庄而言早已不是什么新鲜事了，而相对于大山深处的处基村张山自然村的村民，却是盼了一年又一年。蓝指导经过调研，把水泥路修到张山村这一民生大事列入计划中，撰写《处基村近远期发展规划》，报送到标溪乡政府和景宁县有关职能部门，录入项目库中。同时，不厌其烦地通过电话、微信进行沟通，一次次找到部门主管进行面对面汇报。蓝指导的执着和对推进偏远山村基础建设的那份渴望终于有了结果。2021 年 4 月，230 万元专项资金下达至处基村。当年 12 月，一条标准的水泥大道通到了张山自然村，祖祖辈辈生活在大山里的村民们满脸笑容地高喊着：通车了，通车了。

2022 年，蓝指导向有关部门又争取到 270 万元资金，对通往处基村 11 千米的公路进行了拓宽和水毁地段的修复；2023 年，又争取到 191 万元资金，用于通往光伏基地、村水果园的山路改造和三个自然村的游步道建设，以及黄山头自然村 1 200 米的良田农渠修建。现今，所有大小项目都已竣工并通过验收。近四年来，处基村先后争取到 900 多万元项目专项资金，用于村基础设施建设。

处基村有 70 多位留守老人和 22 户低保户，大多没有劳动能力。蓝指导说："这些老人是最让人牵挂的"。四年来在每年台风暴雨季节，蓝指导就会在村里组织党员分组落实责任到 8 个自然村，对每位留守老人的房子进行安全检查；对每个村的山塘水库作不间断的巡查，发现问题及时处置。2021 年 5 月 20 日，进入二级响应的超级台风来临之前，蓝指导动员地质灾害隐患点的村民在天黑之前转移，并驾车把几位老人从大山里转移到 15 千米外的乡政府所在地。

处基村有 400 多亩茶叶，采取公司加农户的形式，公司创办人叫蔡克水，他自己有 100 多亩，村民有 300 多亩，公司有茶叶加工厂，村民的茶叶统一由公司收购、加工和销售，在蔡克水的带动下，现今村里的老人，好的有 3 万～5 万元收入，差点的也有 1 万～2 万元收入。几年来，蓝指导一直在推动拓展茶叶基地建设，动员更多农户加入到公司中来，让更多村民有更高的经济收入。

为了使村里的低保家庭都有一项稳定的收入，蓝指导在每年年底就挨家挨户去走访登记，对有能力饲养生猪的低保户，就用扶贫专款订购猪仔，并在年后租用小货车，把猪仔从丽水运到处基村，分发给低保户饲养。同时，还从丽水请来专业人员，为他们讲解生猪饲养方法和防病知识。

"并网发电啦""通车啦""过年杀猪啦"，这一声声从大山深处村民喊出的带着欢笑而赋有满足感的声音，是最美的、最动听的。相信在今后建设美丽乡村、共同富裕的征途中，定会听到更多这样美好而又响亮的声音。

景宁篇

扎根基层书答卷　立足乡村写振兴

——中国人民银行丽水市分行派驻东坑镇东坑村农指员　张振邦　陈奕林

2022年，张振邦、陈奕林作为人民银行丽水市分行派出的农村指导员，到景宁县东坑镇东坑村驻村工作，充分发挥金融特色，助力东坑村的振兴与发展。

驻村工作后，两位指导员做的第一件事就是多渠道走访调研，摸清村情村貌，了解乡村发展的资源优势和难点。东坑村是东坑镇镇政府所在地，交通便捷，自然风光秀美，但人口老龄化程度较高，留村人员少，且大多数为老年人，同时，可供开发的剩余土地资源较少。在摸清基本情况后，多次和村“两委”班子以及产业大户展开讨论，并提出了很多实用的意见建议，主动与相关部门联系为村里谋划项目，如光伏发电项目、林道农田道路建设硬化等，有效提高了村集体经济收入和农民增收，改善了村民生产生活条件。

“火车跑得快，全靠车头带”，建强村“两委”班子对东坑村的发展至关重要。在指导员向中国人民银行丽水市分行积极争取下，组织东坑村“两委”干部一同前往丽水市莲都区仙渡乡参观考察，学习仙渡乡凝心聚力、以番薯产业作为突破口发展乡村集体经济的先进经验，在农业产业链延伸和集群发展、强村公司建设、农旅融合等方面进行了深入交流；并到浙西南革命根据地展览馆进行了联学联建。通过交流，村“两委”干部感受最大的就是村集体经济要补位而不越位，要做个体农户做不到的事情，比如销售对接、产值附加、专家指导等，才能把村集体经济做大做强。

组织村干部到丽水仙渡乡参观学习

谋划村集体经济增收项目

作为中国人民银行的帮扶干部，一直在努力寻找金融赋能乡村振兴的方式，为了支持“三农”发展，两位指导员积极和上级行与景宁县各家金融机构沟通，成功召开金融结对帮扶工作推进会，景宁县9家银行机构与东坑镇人民政府签订了战略合作协议，将重点对“景宁600”特色农业产业、新型农业经营主体、农户创业等方面提供资金支持，贷款总授信 6.2 亿元。随着银行授信渠道的打通，东坑村的种植大户也能更便捷高效地享受到流动资金支持。

两位指导员还经常走村入户进行金融知识宣传，向东坑村商户和村民分发关于存款保险、国债投资、反假币、反洗钱和反金融诈骗的宣传手册，帮助村民远离非法集资、非法揽储等金融犯罪行为，提高村民对相关金融知识、投资和防诈意识的了解。此外，也积极向东坑镇辖内的小微企业传达普惠小微贷款等金融支持实体经济的相关政策，拓宽企业获得金融资源的信息渠道，帮助其降低融资成本。

走访慰问低收入农户

景宁篇

勇于担当 不辱使命

——丽水市市场监督管理局派驻大漈乡茶林村农指员 泮李伟

丽水市市场监督管理局泮李伟同志是市直机关第十一、十二批派驻景宁县大漈乡大漈村、茶林村农村工作指导员（村第一书记）。四年来，为帮扶村做了些力所能及的事，得到了上级有关部门的肯定，连续三年（2019 年、2020 年、2021 年）在年度工作考核中被确定为优秀等级，2021 年度被记三等功。

参加村主题党日活动

驻村后，泮李伟第一时间深入所在行政村、走访村民，认真听、仔细了解村情民意。首先是和村“两委”解决各村集体资产重组问题，完善管理制度，让集体资产创造更好效益。其次是积极向上级部门争取资金，帮助村里处理项目遗留配套工程建设等。经过两年多的努力，现在所帮扶联系村已成功“消薄”。2021年年底村集体经济累计余额已达240多万元。并且每年都积极帮助联系村农民销售黄桃、茭白等农产品，切实为农民增收尽力。

参加村民代表大会

组织全乡各村部分党员干部到莲都区大港头镇大港头村学习考察，并和大港头镇人民政府、村“两委”就如何开展集体经济和村民增收进行经验交流。参观了堰头水利工程和当地民宿、农家乐等具有当地特色的富民强村经济项目，为参访的党员、村干部提供了成功案例和工作思路。

泮李伟协助大漈乡政府制订《关于高山茭白和农村旅游项目标准（试验点）》，根据联系乡工作需要，在丽水市市场监督管理局领导的重视下，有关业务处室、市检测院和景宁县市场监督管理局领导多次带领相关专业人员深入联系村，走村访户，上下协调，多方攻关，目前该项工作已通过市级有关专家评审验收合格。此项目的成功制定为大漈乡建立起“旅游服务、餐饮服务、住宿服务、茭白生产”为核心的主题服务标准体系，为乡政府节省了咨询服务费15万元、争取到奖励资金5万元。

走访慰问群众

在日常走访中泮李伟会给农户带上一些生活用品，帮助解决帮扶村一些群众生产、生活中的困难，充分利用工作经费结余款和单位春节慰问机会，为需要帮助的农户带去尽可能多的关怀。四年来对帮扶联系村 40 多户因病、残疾、年老等原因的贫困户进行慰问，并送上日常生活必需品和慰问金等，让他们深切体会到党和政府的关怀和温暖。

强化村党支部党建工作，做好党建工作宣传员。泮李伟利用党支部主题党日活动和党员一起学习党史、党建知识和党的章程。并多次在主题党日活动中和广大党员分享《中国共产党的百年奋斗历程与深刻启示》和《没有共产党就没有新中国》等专题发言，分享学习体会，激励广大党员爱党、爱国、遵守党纪等热情和意识。

2022 年，泮李伟继续留任景宁县大漈乡茶林村农村工作指导员（村第一书记）。在原来了解村情的基础上做更深入的村民走访，积极参与村集体经济增收和村各类项目的谋划、落实、实施工作。泮李伟表示，在接下来的时间里，会为所在村的强村富民、开展美丽庭院创建、基层党建等工作尽心尽力，添砖加瓦，使帮扶工作更上一层楼。

永做新时代的“挺进师”

——丽水市发展和改革委员会派驻大均乡伏叶村农指员　蔡秦

“做驻村的第一书记，就是要勤一点，把自己当成村里人，才能更深入地了解群众，工作才能更有针对性。”丽水市发展和改革委员会派驻景宁县大均乡伏叶村第一书记、农村工作指导员蔡秦这样说。

伏叶村自然景色优美、田园风光怡人，但苦于没有支柱产业，村集体经济薄弱，一直都是制约发展的重要原因。担任第一书记以来，蔡秦立足伏叶村生态优势，抓长远、重实效，用心用情服务群众，不仅让村庄环境有了看得见的变化，更让村集体经济得到有效提升，提振了所驻村的“精气神”。

授之以鱼不如授之以渔。伏叶村坐落在美丽的瓯江支流小溪之畔，有着优越生态资源优势，蔡秦充分发挥自身从事生态经济发展工作的优势，协同村“两委”多方走访，克服村内土地资源贫乏的困境，谋划推出大均乡农光互补联建（大均乡五村联建）发电项目，总投资 160 万元，利用日照资源发展光伏产业，每年为伏叶村带来集体收入 8 万元以上，同时在光伏电板下探索开展黄精种植，每亩又可增收 1 000 元。在“双碳”背景下，蔡秦创新实践，以乡镇强村公司为主体，谋划开发了大均乡森林经营性碳普惠项目，共开发大均乡年均约 1.5 万吨二氧化碳当量的林业碳汇产品，有效激活了大均乡森林资源的经济属性。2022 年 9 月至 2023 年 9 月，大均乡已完成林业碳汇交易 4 笔，按 100 元 / 吨计算，累计收入 10 余万元，有效增加了村集体经营性收入，走出了一条生态优先、绿色高质量发展新路。

实地调研光伏电板下黄精种植情况

乡村振兴的关键在于产业振兴。蔡秦从产业经济入手，提出“网红经济融入产业、产业做成景观、景观做成产业”的运营模式，推动伏叶村协同周边村形成了“吃住行游购娱”全产业链，并依托伏叶村良好的农家乐民宿产业优势，培育了一批优秀的民宿品牌，如宿叶、听泉、山语间等。这些优秀民宿不仅成为乡村旅游的一张亮丽名片，更成为乡村振兴和就业增收的生态富民产业。通过深层培育助推文旅融合，将乡村自然资源和文化传承有机结合，也为农民群众向共同富裕迈进提供了新路子。2022 年，伏叶村已发展民宿农家乐 11 家，接待游客 11 万余人次，为全村带来经济效益 400 余万元。

在伏叶村工作一年多的时间里，蔡秦还着眼于生态产品价值数字化实现的场景建设。他抓住丽水市开展试点的契机，在伏叶村对此进行探索，推动村内民宿“丽水山居”和“丽水山耕”“丽水山泉”品牌的融合协同发展，利用卫星遥感技术实时提供环境质量监测数据，优化提升了村内民宿的“生态价值”，将乡村生态资源、文化传承与乡村旅游有机结合，形成独具特色的数字化场景，为乡村经济的可持续发展注入了新动能。

走访了解民宿发展情况

青山绿水，流金淌银。乡村振兴是一个永恒的课题，目前伏叶村在乡村振兴的道路上取得了一定的成绩，蔡秦也深刻认识到乡村的独特优势，在未来的发展中，将以永做新时代“挺进师”，真抓实干，奋发有为，不断探索创新，有序推进伏叶村的绿色低碳持续发展，继续为乡村振兴战略的实施做出积极贡献。

景宁篇

来自多肉石寨的农村指导员

——丽水市团市委派驻东坑镇深垟村农指员　余丽

2023 年 1 月初，景宁畲族自治县东坑镇深垟村天气寒冷，村里却传来了暖心笑语，刚刚接任深垟村第一书记（农村指导员）的余丽，带着春节慰问品正在走村访户。

深垟村是国家少数民族特色村寨、省休闲旅游示范村、省级美丽乡村特色精品村，辖深垟、叶源垟、中心垟、黄山头 4 个自然村，6 个村民小组，全村 216 户 764 人，其中黄山头畲族自然村有畲民 48 户 198 人。传统产业以毛竹、白茶、油茶、香菇等为主。近年来，村里吸引了雅景花木的吴勇、民宿老板陈先清、温州投资商项光泽、畲医畲药传承人雷建光等能人、乡贤，研发畲族文化、研学旅游等产品，多肉、民宿、药膳等经济产业蓬勃兴起。

走访调研

2023 年以来，余丽与村“两委”班子一道，走遍各个自然村，深切感受“底蕴厚重古深垟、产业发展富深垟、村庄治理靓深垟”，快速融入了美丽的多肉石寨，投身深垟这个景宁乡村振兴优秀样板的建设当中。

给少先队员做思政主题宣讲

研学旅游是深度了解深垟、宣传深垟的平台，也是与余丽本职工作契合度最高的项目内容。余丽多次组织全市青少年宫系统的主任和专业教师来到东坑镇和深垟村，在东坑小学开展“十宫联动 · 圆梦微心愿”活动，为孩子们送上 25 台护眼灯，她本人还给少先队员做了“敢于有梦、勇于追梦、勤于圆梦”的思政主题宣讲。她带领校外教育的教师们实地考察深垟的研学活动，对建设研学基地和深化研学项目进行了专项研讨，并与市、县两级少工委初步达成意向，将深垟村作为全市少先队“红领巾奖章”校外争章基地，实施之后将以亲子游和集体活动为主要形式，吸引更多少年儿童来到深垟，进一步带动人气、带动经济发展。

深垟村 2022 年完成了水系联通、生态旅游公厕、山林道路硬化和自来水质量提升等基础设施建设，2023 年村里又有多个项目正在实施中。投资共 350 万元的多肉主题民宿建筑已经结顶，预计 2023 年投入使用；文化礼堂和畲医畲药馆两个提升项目作为省级民生实事，正在进行中；另有共富工坊和“浙里石榴红”两个项目共投资 65 万元；研学基地项目一期投资 1 300 万元，目前已启动征地规划，整个项目落地预计投入近 8 000 万元。余丽和村“两委”干部一起，尽己所能全力推动项目落地，还计划进行村党总支和市青少年宫党支部共联共建，通过党建抓落实、促发展。

余丽表示，作为指导员队伍中的新人，将进一步学习基层工作经验，注重方式方法，追求工作实效，真正当好党的创新理论宣传员、村情民意调研员、政策法规辅导员、群众信访调解员、富民强村服务员、民主制度监督员和组织建设督导员，融入深垟、宣传深垟、服务深垟、建设深垟，成为深垟的一分子。

景宁篇

驻村帮扶“四大员”

——丽水市财政局派驻红星街道岗石村农指员　郑旭伟

2022年初，丽水市财政局郑旭伟同志被派驻到景宁县红星街道岗石村担任驻村第一书记。秉承从小处着手，用心服务，2个月走遍15个自然村和产业基地，竭力为村里谋发展，尽力向相关部门争取项目资金，努力为岗石振兴尽一份绵薄之力。

细心调研清底数：乡村振兴的“调研员”

为了尽快转换角色，熟悉工作环境，郑旭伟把了解村里产业发展、党建引领、村民收入等方面作为入村开展工作的第一要务。先是与街道领导请教讨论，和村支部书记、村“两委”干部沟通交流，白天走访交流，晚上梳理、总结。其次每月积极参加村党组织生活会和村民代表会议。向村里老书记、老党员了解村庄立地条件。通过请教交流、入户走访、实地考察等多种形式切实了解村情民意，对岗石村的整体情况做到心中有数。

岗石村是个有400多年历史的古老畲族山寨，位于畲乡古镇北侧，千峡湖东面，距景宁城区约15分钟车程，下辖15个自然村，农户320户，户籍人口1 021人，常住人口600余人，其中畲族占40%，系少数民族集聚村；中共党员55人，低保户35户61人。村里主要产业仅有油茶、毛竹、果蔬等3类，三产服务业只有1家户外拓展基地。这个村属于地理位置好、文化底蕴深厚、产业经济发展滞后的典型村。

热心助人暖民心：为民解忧的“服务员”

郑旭伟身为财政局农业处干部，首先想到的是为村里农业产业基地做好服务。通过多次走访岗石行政村和各个自然村，了解到上一任老书记的水果基地日常管理碰到问题，立即主动联系丽水市农业农村局水果专家，专门邀请专家到村里的四季采摘园指导水果种植和管理技术，包括嫁接育苗技术及病虫害有效防治方法等。

其次关心低困儿童和留守儿童。目前岗石村低困儿童 14 人，留守儿童 16 人，经过了解家庭情况后，建立档案。以畲族村为特色，定期由村妇联主任带领儿童学畲语、唱畲歌，传承畲族传统文化；重阳节、春节等传统节日开展留守儿童包粽子、做麻糍等活动，促进留守儿童身心健康成长。

再是真情关爱老人。前后走访农户 50 家，入户慰问低保户 15 户。2022 年 2 月 23 日，郑旭伟与村支部书记等干部，冒着冰雪严寒，翻过海拔 800 米的高山，来到金村自然村看望老人们，询问身体状况和生活起居情况。这里曾经是一个行政村，五年前并入岗石行政村，三年前审批开建县重点工程——金村水库饮用水项目，全村涉及搬迁 300 多人，由于各种因素至今未安置，现在仅剩 8 位老人住山上。他们身体都还硬朗，基本上都还能种菜，他们说“这里空气好，水也好，也习惯了，舍不得离开自己老家。”简单的话透出几分淳朴和对家乡故土的热爱。此外，郑旭伟还重点联系 2 户低保户，每月主动联系帮扶低保户，春节等节日送上慰问物资；“七一”建党节前慰问困难党员，及时送上物资和慰问金，让他们感受到党的关爱和人间温暖。

耐心为民办实事：项目实施的“推进员”

项目是乡村振兴的载体，集中体现了上级部门的关心关爱。郑旭伟积极参与项目立项、资金落实等环节。在街道、村“两委”的共同努力下，2022 年岗石村完成的主要项目有：石圩村庄整治提升工程，投资金额 180 万元；岗石村清廉广场提升改造工程，完成清廉书屋和清廉文化墙建设，投资金额 40 万元。完成山林道路硬化工程 50%，投资金额 100 万元左右；完成金包山村 4 村联建光伏项目入股投资 50 万元，预计 2023 年将为村集体增加10万元收入。以省级清廉村居标杆培育村为动力，积极有效推进乡村治理。岗石村获得2022年度省委农村工作领导小组办公室、省农业农村厅认定的“浙江省清廉村居建设示范村”荣誉。

调研村情

尽心为农助发展：乡村工作的“协调员”

郑旭伟积极参加和配合“双招双引”工作，并向街道领导书面建议相关招商措施。主动与街道领导一起到毛坑、林村、杨绿湖、埚头背四个招商点实地考察，与招商组一起前往丽水开发区杨绿湖乡贤处上门招商，全力推进乡贤回归。

与市派农指员景宁组组长共同配合协调，助力景宁县成功争取省财政厅竞争性项目2023年度一事一议财政奖补支持打造共富乡村试点项目入围，争取到省财政资金2 000万元，加快推进了景宁县乡村振兴共同富裕的工作步伐。

乡村要振兴，党建引领是基础。岗石行政村由3个行政村和15个自然村合并而成，各村干部和党员间都有自己村的各种利益诉求。郑旭伟同志在驻村工作中注重平衡各种关系，寻求最大公约数，通过与村干部、党员推心置腹话家常，让大家感受到真心诚意，在项目推进落实中，村党组织的凝聚力不断增强，执行力和战斗力得到有效提升。

景宁篇

把老百姓的事情办好

——浙报集团丽水分社派驻毛垟乡炉西村农指员　李俊新

“把老百姓的事情办好就是最大的民生。”李俊新自2022年6月到景宁县毛垟乡炉西村担任农村工作指导员以来，始终牢记肩负的驻村使命和职责。

用脚步丈量民情

2022年7月26日，首个“浙报集团丽水分社党建智库联络站”挂牌，丽水分社与丽水市组织部门展开深度合作，由分社派出共产党员李俊新担任炉西村农村指导员，通过智库服务、媒体宣传、产业导流等形式助力炉西村高质量发展。

初到炉西村，为了迅速进入角色，李俊新用脚步丈量民情，从村民所急、所盼、所想的事情干起。他第一时间查阅资料、咨询村干部，了解炉西村的情况；他深入田间地头、走遍了村里的每一户人家，广泛听取群众的意见建议。一来二去，村民们熟悉了村里新来的“李指导员”，也愿意和他“掏心窝子”。

“乡村要振兴，产业是关键。”同村“两委”干部充分研讨论证后，他根据村情问诊把脉寻医，帮助村“两委”“理思路、谋出路、蹚新路”，有针对性地提出自己的工作思路：一方面服务好基层群众，协助改善好老百姓生活环境；另一方面让外界知道炉西村、讲述传播好炉西故事，为炉西发展注入持续的“源头活水”。

到村民家开展日常走访

用心用情为群众

在毛垟乡苔藓基地，李俊新戴草帽和村民们一起，俯下身子蹲在地里头给苔藓浇水、除草，学习苔藓种植技术。

“乡里正打算在全乡范围内打造苔藓种植基地，炉西村就是其中一个重要点位。”为了配合村里苔藓基地建设，李俊新提前学习掌握技能，以便后续更好地给村民们分享苔藓种植经验。

“一枝一叶总关情，服务炉西村老百姓已经成为我生活、工作中不可或缺的一部分。”李俊新是这么说，也是这么干的。

在他和村干部的共同努力下，村文化礼堂修缮工程顺利完工，丽景园光伏项目、海盐产业园区“飞地”项目等顺利推进。

定期驱车穿越蜿蜒曲折的山路进村，到村时不忘去留守老人、留守儿童家里走走，下大雨时不忘叮嘱做好安全防范……已经成了他驻村工作时的“习惯”。

2022年年底，新冠疫情造成药品短缺，农村地区尤甚。心忧村民们防疫和健康，他第一时间和村干部了解情况和群众需求，自己出资，跑遍了大大小小的药店筹措购买防疫物资，为村民们送去防疫药品、口罩等，并耐心叮嘱村民们戴口罩、勤洗手、少聚集，给处在疫情中的村民们送去了诸多温暖。

媒体赋能兴乡村

在景宁畲族自治县毛垟乡炉西村村委办公室，挂的一幅报纸相框格外醒目，报纸上记录的是浙江日报2022年10月8日刊登的《三位乡村代表共聚景宁：朵朵苔花开满乡村小康路》的头版报道稿件。

二十大召开前夕，浙江日报报业集团推出“我们的故事·三届党代表说十年”大型融媒体新闻行动，活动首站就在毛垟乡炉西村，这是浙报以媒体之力对这偏远乡村的重大关切。这离不开李俊新的付出和努力。

他积极导入媒体资源介入到乡村振兴中，用行动践行着驻村干部在乡村振兴第一线、服务民生最前沿甘于奉献的“大情怀”；他利用各种方式广泛宣传党的方针政策，推动“党的二十大”大型融媒体新闻行动在景宁落实；他积极争取浙报集团支持，促成了首个“浙报集团丽水分社党建智库联络站”在炉西村正式挂牌；他在浙江日报、潮新闻客户端刊发《小乡镇也有大作为》等20余篇报道，用鲜活的文字和画面记录着乡村振兴战略带来的乡村发展新风貌。